50가지 기름 이야기

세상을 바꾼 한 방울
50가지 기름 이야기
ⓒ도현신, 2023

초판 1쇄 2023년 4월 5일

지은이 도현신
펴낸이 김성실
책임편집 김태현
표지 디자인 윤지은
제작 한영문화사

펴낸곳 시대의창   **등록** 제10 - 1756호.(1999. 5. 11)
주소 03985 서울시 마포구 연희로 19 - 1
전화 02)335 - 6121   **팩스** 02)325 - 5607
전자우편 sidaebooks@daum.net
페이스북 www.facebook.com/sidaebooks
트위터 @sidaebooks

ISBN 978 - 89 - 5940 - 801 - 6 (03900)

세상을 바꾼 한 방울

50가지 기름 이야기

도현신 지음

시대의창

들어가며

'기름'이라는 단어를 들으면 어떤 이미지가 떠오르는가? 만지면 손에 끈적끈적한 액체가 묻어나는 촉감, 부드럽고 매끈한 느낌, 고소하면서도 향긋한 냄새…. 대략 이 정도가 보통 사람들이 기름에 대해 떠올리는 이미지일 것이다.

하지만 기름 관련 이야기는 이런 게 전부가 아니다. 기름은 인류의 발자취와 함께 그 흔적을 오랫동안 남겨왔다. 즉, 인류의 역사는 곧 기름을 사용해온 과정이기도 하다.

가령 《구약성경》에 언급되는 노아의 대홍수에서 노아는 커다란 나무배인 방주에 아스팔트의 일종인 역청을 발라 방수제로 사용했고, 그로 인해 홍수를 견뎌낼 수 있었다. 여기서 언급된 역청은 곧 땅속에서 새어 나오는 타르, 즉 기름의 일종이다. 또한 예언자 엘리야가 페니키아인들과 내기를 할 때 일으킨 기적의 '물'은, 사실

나프타(휘발유)였다.

그로부터 수천 년이 지난 1900년대 1차 세계대전의 원인은 세계 최대의 산유지인 중동의 지배권을 둘러싼 영국과 독일의 다툼이었다. 2차 대전 이후 세계 최강대국으로 떠오른 미국이 막대한 재정 적자와 무역적자에 시달리면서도 아직까지 세계를 주도할 수 있는 힘의 원천은 바로 석유를 달러로 결제하는 방식이 유지되는 것에 있다. 달러 패권에 도전하는 국가나 개인이 있다면, 곧바로 미군이 나서서 공격해 무너뜨리는데 그 사례가 바로 2003년 이라크의 후세인과 2011년 리비아의 카다피였다.

뿐만 아니라 세계인들은 일상에서 올리브유, 포도씨유, 면실유, 버터, 마가린 등 온갖 종류의 기름을 음식에 뿌리거나 넣어서 먹고 있다. 말 그대로 인류는 기름을 이용하여 생존하고 있다.

그러므로 기름에 관련된 지식을 배우는 것은 곧 인류가 살아온 과정에 대한 지식을 배우는 것과 같다고 하겠다. 이 책은 기름이라는 일상 속의 흔한 소재를 통해 우리가 잘 알지 못했던 세계사 속 숨겨진 진실을 살펴보고, 유용한 교양의 폭을 풍성하게 넓혀보고자 한다. 독자들이 역사라는 거대한 바다의 흐름에서 인류가 살아온 과정에 대한 해답과 법칙을 조금이나마 이 책에서 찾을 수 있기를 바란다.

도현신

목차

I

역사를 만든 기름

II

기름 없이는 살 수가 없네

III

불타는 기름과 현대 세계사

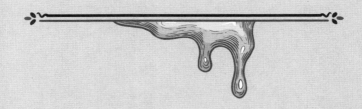

I

—

역사를 만든 기름

1 / 역청

노아의 방주가 새지 않은 이유

《구약성경》노아의 방주 설화에서 배에서 물이 새지 않도록 나무 사이에 발랐던 물질이 역청瀝靑이다. 역청의 정체는 바로 땅에서 솟아오르는 기름인 타르tar였다. 타르는 땅속에 묻힌 석유가 땅 위로 솟아 나와서 고였다가 시간이 지나면서 끈적끈적해진 것이다.

노아의 방주와 모세의 출생에 기름이 있었다

《구약성경》을 보면, 신이 인류의 죄악을 보고 미워하여 물로 인류와 세상을 쓸어버리려는 계획을 세웠는데 오직 노아만이 선량한 사람이라 그와 그의 가족은 살려두기로 하고 노아한테 계시를 내리는 장면이 언급된다. "너는 전나무로 배 한 척을 만들어라. 배 안에 방을 여러 칸 만들고 안과 밖을 역청으로 칠하여라."《구약성경》창

노아의 방주를 묘사한 그림. 독일의 인쇄업자 안톤 코베르거의 1483년 작품.

세기 6장)

그리고 노아가 신의 계시에 따라 전나무로 배, 즉 커다란 방주를 만들고 그 안에 가족과 동물들을 태우고 양식을 싣자 신은 40일 동안 비를 퍼부어 세상을 물로 뒤덮는 홍수를 일으켰다. 이 홍수에 모든 인류와 동물들이 휩쓸려 빠져 죽었지만, 노아 일행이 탄 방주는 무사했고, 150일이 지나자 땅에 찬 물이 빠지면서 방주는 현재 튀르키예의 아라라트산에 멈추었다. 이에 노아는 홍수를 끝내겠다는 신의 의지를 확인하고 방주에서 가족과 함께 나왔으며 그 이후로 노아가 새로운 인류의 조상이 되었다는 것이 《구약성경》에 언급된 설화 내용이다.

이 설화에서 신이 노아한테 배의 안과 밖을 역청으로 칠하라고 했는데, 그 이유는 바로 역청 즉 타르가 물을 막아주는 방수제의 역할을 하기 때문이었다. 노아가 타르로 방주를 모두 칠했기에 방주는 전 세계를 뒤덮었던 홍수에도 무사히 버텼던 것이다.

《구약성경》에서 타르가 방수제 역할을 하는 대목이 또 있다. 유명한 예언자 모세의 출생에 대한 설화에서도 타르가 등장한다.

창세기 다음의 출애굽기(탈출기) 2장을 보면, 당시 이집트 파라오가 이스라엘 백성들의 인구가 너무 많이 불어나자 그들이 반란을 일으킬 것을 두려워하여 이스라엘인 사내아이가 태어나면 모두 죽이라고 명령을 내린다. 그러던 와중에 이집트에서 살아가던 이스라엘 레위 가문에서 한 아이가 태어났는데, 하필 사내아이여서 그대로 두었다가는 이집트 군사들한테 발각되어 죽을 위험에 처했기에 부모가 어쩔 수 없이 왕골 상자에 역청을 바르고는 그 안에 아기를 넣어 강에 띄워 보냈다.

그런데 마침 강으로 목욕을 하러 나온 파라오의 딸이 왕골 상자에 담긴 아이를 보고는 불쌍한 마음이 들어 자신이 거두어 길렀는데 그 아이가 바로 모세였다는 것이다(출애굽기 2장 1~10절). 왕골 상자에 물을 막는 역청을 발랐기에 모세는 강에 빠져 죽지 않고 무사히 상자에 담긴 채로 강을 떠다니다 공주의 눈에 발견되어 살아남았고, 그 이후로 핍박받는 이스라엘 백성들을 이끌고 이집트를 떠나 이스라엘 땅으로 돌아갔다는 것이 모세 설화의 결말이다.

《역사》 속 바빌론 성벽

타르가 방수제 역할을 한다는 사실을 비단 유대인들뿐 아니라 다른 민족들도 알고 있었다. 고대 중동에서 최대의 번영을 누렸던 도시 바빌론에서도 역청은 중요한 건축 자재였다.

헤로도토스의 《역사》에는 바빌론에 대해 이렇게 묘사하고 있다. '바빌론은 넓은 평야 한 가운데에 있는 거대한 도시로 전체적인 형태는 사각형인데, 각 변의 길이가 22킬로미터(현재 기준)이며 전체 둘레는 90킬로미터이다. 바빌론은 도시 전체가 적의 침입을 막고 주민들의 식수에 필요한 물을 공급하기 위해 일부러 파놓은 깊고 넓은 물길인 해자垓字로 둘러싸여 있다. 바빌론의 해자는 도시 바깥의 유프라테스강과 연결되어 있었는데, 해자 안에는 돌들을 깎아서 붙인 인공 하수도가 설치되었고, 물이 새지 않도록 타르로 덮었다. 바빌론의 해자 주변에는 벽돌로 만든 8개 이상의 다리가 설치되어 도시 바깥과 연결되었고, 사람들이 그 다리를 통해 자유롭게 드나들 수 있었다.'

바빌론이 위치한 지역은 돌이 귀했기에, 바빌로니아인들은 성벽 같은 건물을 쌓을 때 돌이 아니라 흙을 파내어 뭉친 다음에 불에 구워 말린 벽돌을 사용했다. 그들은 벽돌 사이에 타르를 발라 접착력을 높이고 단단함을 키웠다.

바빌론을 둘러싼 성벽은 모두 3겹이었다. 이 성벽들 중에서 짧은 쪽의 길이는 18킬로미터였고, 긴 쪽의 길이는 72킬로미터였으며, 성벽의 높이는 14미터였고, 두께는 7미터가량이었다. 성벽 위로 난 도로는 4마리의 말들이 끄는 마차 2대가 서로 엇갈리며 달려도 부딪치지 않을 만큼 넓었다. 성벽 곳곳마다 세워진 망루에는 병

독일 페르가몬박물관에서 복원한 바빌론 이슈타르의 문(flicker).

사들이 배치되어 하루 종일 침입자가 쳐들어오는지 감시했다.

　바빌론의 인구는 약 15만 명이었다. 기원전 7세기 무렵에 그 정도 인구를 가진 바빌론은 오늘날의 뉴욕이나 상하이 같은 매우 번화한 대도시의 위상을 지녔다. 그러한 도시의 번영을 가능케 했던 게 바로 역청을 바른 성벽이니, 역청이 바빌론의 영화를 만들었다고 말해도 지나치지 않으리라.

2 / 만나

신이 내려준 신비한 음식

《구약성경》에서 이집트를 탈출한 이스라엘 백성들은 광야를 떠돌다가 먹을 것이 없다고 불평을 한다. 그러자 그들을 인도한 예언자모세가 신에게 기원을 하여 음식을 장만한다. 신이 이스라엘 백성들한테 내려준 음식은 만나였다.

《구약성경》 속 만나

만나는 《구약성경》 출애굽기의 16장에서 언급된다. 이집트에서 400년 동안 고통을 받던 이스라엘 백성들이 신의 계시를 받은 예언자 모세에 의해 이집트를 탈출한 지 한 달 보름이 되는 날, 그들은 모세와 그의 동생인 아론한테 불만을 털어놓는다.

이집트는 나일강의 범람으로 고대부터 비옥한 농경지를 가진

만나를 줍는 이스라엘 백성들, 1470년 작품.

나라였고, 이스라엘 백성들은 흉년이 들면 이집트로 가서 식량을
구했다. 반면 광야, 즉 시나이 반도는 사막으로 가득 찬 황량한 지
역이어서 풍족한 먹거리는 기대조차 할 수 없었다. 그러니 이스라

엘 백성들은 이집트의 풍요로움을 그리워할 만도 했다.

불만을 그대로 내버려 뒀다가는 자칫 이스라엘 백성들이 도로 이집트로 돌아가 버려 애써 이룩한 출애굽(이집트 탈출)이 수포로 돌아갈 수 있었다. 모세는 신에게 음식을 달라고 기도를 했고, 다음 날 아침 서리가 내린 것처럼 하얗고 가느다란 물건들이 땅을 뒤덮었다.

이스라엘 백성들은 그것이 뭔지 몰라 어리둥절했는데, 모세가 "그것은 신이 너희한테 먹으라고 주신 양식이니 저마다 먹을 만큼씩만 거두어들여서 먹으라"고 알려주었다. 그러자 이스라엘 백성들은 그 하얀 것들을 "만나"라고 불렀고, 돌아다니며 모아다가 맷돌에 갈거나 절구에 빻아 냄비에다 구워서 빵처럼 만들어 먹었다.

《구약성경》에 기록된 만나 이야기에 대해 수많은 사람들이 연구해왔다. 우선 만나manna라는 단어 자체의 뜻을 두고, 성경을 연구하는 학자들은 이스라엘 백성들이 사용한 언어인 히브리어가 아니라 아람인들이 사용했던 언어인 아람어에서 유래했다고 본다. 아람어는 고대 서아시아 지역에서 광범위하게 공용어로 사용된 말인데, 이스라엘 백성들의 출애굽으로부터 무려 1300년이 지난 예수 그리스도가 살았던 《신약성경》의 시대까지 널리 쓰였다. 심지어 예수 본인도 아람어를 사용했다. 아람어로 '식물에 사는 이(기생충)'를 만후man hu라고 부르는데, 이것이 만나로 바뀌었다는 것이다.

이러한 추측을 이어, 만나의 정체는 곤충과 관련이 있다고 보는 시각이 있다. 사막에서 사는 곤충들로부터 나오는 수분이 포함된 분비물이 바로 만나였다는 것이다. 사막의 건조하고 황량한 환경에서 곤충들이 식물의 줄기나 잎을 뜯어먹고 달콤한 맛을 내는 당 성분이 함유된 분비물을 배출하면, 그 분비물이 포함된 단물이 시간이 지나면서 수분이 빠져나가 빠르게 말라붙어 끈적끈적한 느낌을 주는 고체 물질이 되고 나중에는 하얀 색으로 변한다는 것이다.

벌레의 분비물 또는 나무의 수액

이스라엘 동남쪽의 네게브 사막에는 타마리스크Tamarix라는 나무들이 많이 자라는데, 남유럽과 서아시아에 널리 서식하는 곤충인 트라부티나마니파라Trabutina mannipara는 이 나무의 수액을 즐겨 먹고 달콤한 당 성분이 함유된 분비물을 배출한다. 이것이 만나라고 주장하는 견해도 있다.

실제로 20세기 초 무렵, 시나이 반도에 살았던 아랍인들은 트라부티나마니파라의 분비물을 가리켜 하늘의 만나man es-simma라고 부르며 시장에 내다 팔기도 하였다. 생김새가 밀랍과 비슷하고 꿀처럼 달콤하고 향기로우며 햇빛을 받으면 녹아버리는데《구약성경》에서 묘사된 만나의 모습과 일치한다.

만나의 정체를 서아시아 지역에 널리 분포하는 나무들인 튀르키예 소나무나 알레포 소나무의 수액을 곤충의 일종인 개각충 Marchalina hellenica이 빨아먹은 다음에 배출한 하얀 색의 분비물이라고 보는 의견도 있다. 실제로 그리스와 튀르키예에서는 튀르키예 소나무와 알레포 소나무에서 꿀을 채취하여 지금까지도 먹고 있다. 두 나라의 꿀 생산량의 60퍼센트가 두 소나무에서 나온다.

만나에 관련된 주장들을 종합해 본다면, 만나는 사막에서 자라는 나무의 수액을 곤충들이 먹고 배출한 단맛이 나는 분비물이었다고 추측하는 것이 가장 믿을 만하다. 나무의 수액을 먹는다는 말에 약간 거부감을 느끼는 사람들도 있을지 모르나, 캐나다 지역에서 자라는 단풍나무의 수액으로 메이플 시럽을 만들고 한국에서 고로쇠나무의 수액을 채취하여 마시는 사람들도 많다는 것을 생각해보면 이상할 게 하나도 없다.

예언자가 퍼 올린 건 물이 아니었다

《구약성경》을 보면 흥미로운 이야기가 하나 나온다. 이스라엘의 예언자 엘리야가 이방인 페니키아인들의 신 바알을 섬기는 예언자들을 상대로 누가 진짜 신을 섬기는 것인지 가려보자는 내기를 건다. 이 대결에서 예언자들은 "바알"을 외치며 하루 종일 울부짖었으나 아무런 일도 일어나지 않았다. 그러자 엘리야는 죽은 소들을 높이 쌓고 거기에 물을 끼얹은 다음, 하늘에 대고 기도를 해 곧바로 소들을 불태웠다고 한다. 이것이 과연 실제로 가능한 일일까?

예언자들의 대결

엘리야는 기원전 874년부터 853년까지 이스라엘을 다스렸던 아합왕 시대의 사람이었다. 아합왕은 페니키아(지금의 레바논)의 공주인

시리아 알레포 성엘리아스 대성당에 있는 예언자 엘리야의 동상.

이세벨을 왕비로 맞았는데, 이세벨은 바알을 숭배했다.

바알은 하늘과 풍요의 신으로 페니키아와 가나안 지역의 사람들이 숭배했는데, 그들과 이웃이었던 이스라엘 사람들한테도 이 바알을 섬기는 신앙이 상당히 널리 퍼져 있었다. 원래 이스라엘인들은 오직 야훼만을 신으로 섬겨야 하는 규율을 지켜야 했지만 이는 자주 깨졌다. 바알을 섬기는 축제에서는 남성과 여성들이 술에 취한 채로 서로 뒤엉켜 마구잡이로 성관계를 벌이는 난교 행사가 벌어졌는데, 이처럼 쾌락적이고 자극적인 바알 신앙이 엄격하고 금욕적인 야훼 신앙보다 더 사람들의 입맛에 맞았기 때문이다.

그런 이유로 《구약성경》을 보면 이스라엘 백성들이 야훼를 버리고 바알을 숭배했다가 야훼를 섬기는 예언자들로부터 저주를 받아 곤경을 당하는 식의 일들이 계속 반복된다. 엘리야 이야기 또한 마찬가지다. 아합왕의 아내인 왕비 이세벨이 야훼의 예언자들을 마구 죽였다. 그러자 엘리야는 아합왕한테 "내가 다시 입을 열기 전에는 앞으로 몇 해 동안 비는 물론 이슬도 한 방울 이 땅에 내리지

24

않을 것이오"라고 저주를 하였다. 그 이후 정말로 이스라엘 땅에는 3년 동안 비가 전혀 내리지 않아 개울마저 말라 버렸다고 한다.

엘리야는 아합왕을 만나러 갔다. 그리고 엘리야는 왕한테 "당신은 야훼를 버리고 이방인들의 신인 바알을 섬겼으니, 야훼의 노여움을 사서 이스라엘을 망하게 하고 있소. 그러니 가르멜산으로 바알의 예언자 450명과 아세라의 예언자 400명을 보내어, 야훼와 바알 중 누가 진짜 신인지 온 백성들 앞에서 증명하게 해주시오"라고 말했다.

여기서 언급된 아세라(아쉐라)는 하늘의 여신이자 바알의 아내인데 이스라엘 백성들은 바알 못지않게 아세라도 열렬히 숭배하였고, 예언자 예레미야가 아세라 숭배를 금지시키자 "하늘의 여왕(아세라)을 숭배할 때 우리는 배불리 먹으면서 잘 지냈는데 왜 하지 말아야 합니까?"라고 반발하였다(예레미야서 44장 15~30절).

가르멜산에 아합왕의 명령으로 수많은 이스라엘 백성들과 바알과 아세라의 예언자들이 모여들었다. 엘리야는 백성들로 하여금 황소 두 마리를 끌고 오게 한 다음, 바알의 예언자들한테 "황소를 제물로 드리고 당신들 신의 이름으로 불러서 불이 내려와 제물을 불태우게 하시오"라며 내기를 제안했다.

바알의 예언자들은 그 제안에 따랐고, 황소를 받아 잡고 나서는 아침부터 한낮까지 계속 바알한테 "어서 응답하소서"라고 외쳤으나 아무런 일도 일어나지 않았다. 그 모습을 보고 있던 엘리야가 "바알이 지금 낮잠을 자고 있거나 아니면 어디 산책을 나갔는지도 모르니, 더 크게 불러 보아라"라고 조롱하자 바알의 예언자들은 칼로 자신들의 몸에 상처를 내면서 더 크게 바알한테 응답하라고 외쳤으나 여전히 조용하기만 했다.

그러자 엘리야는 백성들 앞에서 이스라엘을 상징하는 12개의 돌들을 모아 야훼한테 바칠 제물을 실을 제단을 쌓은 다음, 제단 주위에 큰 도랑을 파고 제단 중앙에 장작을 쌓고 송아지 한 마리를 잡아 위에 올려놓고서 항아리 4개 분량의 물을 가득 채워 송아지와 그 주위에 세 번이나 부었다. 그 양이 어찌나 많았는지 물이 제단 주위로 넘쳐흘렀고 도랑에 가득 넘쳤다.

그리고 엘리야가 "야훼시여, 당신이 참된 신임을 백성들한테 보여주소서"라고 외치자 불길이 내려오더니 제물로 바쳐진 송아지와 함께 돌과 흙을 모두 태우고 심지어 도랑에 가득 찬 물까지 모조리 말려 버렸다고 한다.

이 모습을 보고 놀란 이스라엘 백성들은 야훼만이 참된 신이라고 외치고는 바알의 예언자들을 모두 죽여 버렸고, 때마침 하늘이 어두워지더니 비가 내려 드디어 가뭄이 해결되었다고 《구약성경》 열왕기상 18장에 서술되어 있다.

그런데 이 부분은 어쩐지 미심쩍다. 당시 이스라엘은 3년 동안이나 가뭄이 계속되어 개울까지 말라버릴 만큼 물이 바닥난 상황이었는데, 엘리야는 어떻게 제단과 도랑에 넘치도록 풍부한 물을 찾아냈던 것일까? 물을 죽은 송아지와 돌에 부었는데 불을 붙인다고 그것들이 모두 타서 없어질까? 상식적으로 이게 현실에서 가능한 일일까?

비밀의 열쇠, 나프타

《구약성경》을 잘 살펴보면 힌트를 얻을 수 있다. 《구약성경》에는 엘리야의 기적과 비슷한 일이 하나 더 등장한다. 엘리야의 시대보다 약 700년 후인 기원전 169년, 그리스 계통의 셀레우코스 왕조로부터 탄압을 받고 있던 느헤미야를 비롯한 유대인들이 희생제물과 제단으로 쌓은 돌들 위에 물을 뿌렸는데 거기서 불길이 일어나 제물이 모두 타 버렸다고 한다(마카베오하 1장). 헌데 여기서 느헤미야와 그 동료들이 제물과 제단 위에 뿌린 물을 '나프타'라고 불렀다는 것이다.

나프타는 석유를 원료로 만들어지는 일종의 휘발유다. 불이 잘 붙는다. 비로소 의문이 풀린다. 예언자 엘리야가 퍼다가 송아지와 제단 위에 뿌렸고 후대의 느헤미야도 뿌렸던 그 물의 정체는 바로 나프타였다. 그렇기에 그들이 뿌린 물로 뒤덮인 제물들이 불에 쉽게 타 버렸던 것이 아니었을까?

4 / 나프타(2)

중세의 화염방사기 '그리스의 불'

고대 로마 제국의 후계 국가였던 중세 유럽의 동로마 제국은 기묘한 비밀 무기를 가지고 수많은 외세의 침략을 물리쳤다. 그것은 물에서도 꺼지지 않고 계속 타올랐던 화염방사기인 이른바 '그리스의 불'이었다. 그리스의 불은 역청과 나프타를 원료로 만들어졌다.

동로마의 적들이 두려워한 비밀 병기

서기 395년, 로마 제국은 제위 계승을 둘러싼 내분으로 인해 동서로 분열되었다. 그리고 서기 476년 서로마 제국이 멸망함으로써 로마 제국의 계승 국가는 동로마 제국(비잔티움 제국)만 남았다. 동로마 제국은 발칸 반도와 북아프리카, 소아시아(튀르키예)와 시리아 등 로마 동쪽의 영토 대부분을 지배하였다.

그리스의 불을 사용하여 적군의 함대를 불태우고 있는 모습을 묘사한 그림

하지만 633년 아라비아 반도의 아랍인들이 세운 이슬람 제국이 세계 정복에 나서자, 동로마는 불과 40년 만에 북아프리카와 서아시아의 대부분을 이슬람 제국한테 빼앗겼다. 여기서 그치지 않고 674년에는 10만 명의 이슬람 대군이 동로마 제국의 수도인 콘스탄티노플(오늘날 튀르키예의 이스탄불)을 공격하러 몰려왔다.

바로 이때, 동로마 제국의 비밀 병기인 '그리스의 불Greek fire'로 인하여 콘스탄티노플은 위기를 모면할 수 있었다. '그리스의 불'이 만들어진 정확한 연대는 확실히 알 수 없다. 다만 이슬람 군대의 콘스탄티노플 침공이 있기 몇 년 전, 시리아 헬리오폴리스(현재의 바알벡) 출신의 그리스인 학자인 칼리니코스Kallinikos에 의해 개발되었다는 사실을 확인할 수 있다. 그리스의 불에 대해 10세기의 작가인 마르쿠스 그라이쿠스는 "순수한 황, 주석, 고무, 역청, 녹인 초석, 석유, 송진을 모아 끓인 다음 밧줄에 스며들게 해서 불을 붙인다. 이 불은 소변과 식초와 모래로만 끌 수 있다"라고 설명했다.

‘그리스의 불’은 펌프나 관을 이용하여 적에게 뿌리거나, 길고 좁은 통으로 목표물을 향해 발사할 수 있었다. 한 번 목표물에 적중한 그리스의 불은 기름 같은 액체가 불에 타는 형태여서 금방 쉽게 타올랐다. 그 열기가 어찌나 뜨거웠던지, 심지어 물속에서도 계속 불이 타올랐다고 전해진다. 말하자면 그리스의 불은 오늘날 화염방사기와 비슷한 무기였던 셈이다.

674년 이슬람 군대의 제1차 콘스탄티노플 공격에서 동로마 제국을 지켜낸 일등 공신은 바로 이 그리스의 불이었다. 칼리니코스가 개발한 신무기를 배에 장착한 동로마 함대는 해전에서 이슬람 함대를 향해 불을 뿜어댔고, 이슬람 함대는 순식간에 불에 타 침몰해 버렸던 것이다. 육전에서도 그리스의 불은 매우 훌륭했다. 그리스의 불이 명중한 이슬람 군대 병사들의 몸은 글자 그대로 녹아내릴 정도로 불에 타 버렸으니까. 심지어 불을 끄려 물을 끼얹어도 소용이 없었고, 계속 타올랐다고 한다.

아무리 이슬람교에 대한 열렬한 신앙심과 약탈의 의욕으로 뭉친 이슬람 군대라 할지라도, 이 화염방사기에는 도저히 버틸 수가 없었다. 결국 이슬람 군대는 679년 전투를 중단하고 철수했다. 영토의 대부분을 이슬람 군대에게 빼앗기고, 하마터면 멸망의 위기에 몰려 있었던 동로마 제국이 그리스의 불로 인해 기사회생한 것이다.

이슬람 제국 뿐 아니라 동로마 제국을 노리는 주변의 다른 적들과 싸울 때에도 그리스의 불은 매우 유용했다. 941년, 약 1000여

척의 함대로 구성된 러시아 대군이 콘스탄티노플을 공격했을 때, 그리스의 불을 장착한 동로마 함대는 반격에 나서 러시아 대군에게 치명타를 주었다. 당시 정황을 묘사한 기록에 따르면, 아주 운이 좋아 달아난 소수를 제외하면 대다수의 러시아 병사들은 배에 탄 채로 그리스의 불에 휩싸여 그 자리에서 타 죽었고, 선박 역시 불에 타 모두 가라앉았는데, 그 광경이 마치 바다에 불이 붙은 것과 같았다고 한다.

그리스의 불을 본 러시아인들은 동로마인들이 "하늘의 번개"를 갖고 있다고 생각해서 크게 놀랐고, 결국 동로마를 무력으로 정복하는 대신에 평화적인 관계를 유지하는 것으로 정책을 바꾸게 되었다.

반드시 지켜야 할 세 가지

1108년 동로마 제국을 공격한 노르만(프랑스 문화에 동화된 바이킹의 후손) 군대와의 전투에도 그리스의 불은 투입되었다. 동로마 황제 알렉시우스 1세의 딸인 안나 콤네네 공주가 쓴 책인 《알렉세이드 *Alexiad*》에도 당시 정황을 묘사한 기록이 있는데, 여기서 그리스의 불이 등장한다. "소나무와 같은 상록수에서 채집한 가연성 수지에 유황을 섞고, 그것을 긴 관에 넣고 공기를 계속 주입하면서, 그 끝을 적에게 겨누고 뿜어져 나오는 액체에 불을 붙이면 곧바로 불길이 회오리바람처럼 적의 얼굴로 날아간다."

잉글랜드와 남부 이탈리아를 정복했던 용맹한 노르만족도 표면에 닿는 모든 물체를 순식간에 태워버리는 그리스의 불 앞에서는 도저히 버텨낼 재간이 없었다. 결국 노르만족은 동로마 제국마저 손에 넣으려던 야심을 포기한 채 철수하고 말았다.

이처럼 그리스의 불은 동로마 제국이 치른 전쟁에서 승리를 가져다주는 강력한 무기였으며, 동로마인들에게 매우 중요한 도구로 인식되었다. 그래서 동로마 황제들은 절대 외국에 넘겨주지 말아야 할 세 가지로 "황제의 의복과 황실의 공주와 그리스의 불"을 꼽았을 정도였다.

동로마 제국은 1453년 오스만 투르크(튀르키예)에게 멸망당할 때까지 무려 1058년 동안이나 존속했다. 동로마 제국은 글자 그대로 천년제국이었다. 이토록 오랫동안 제국이 지탱될 수 있었던 이유는 바로 그리스의 불 같은 막강한 무기로 인해 주변의 적들을 잘 막아냈기 때문이었다. 그리스의 불, 즉 역청과 나프타야말로 동로마 제국 번영에 큰 역할을 한 일등 공신이라고 말할 수 있을 것이다.

5 / 올리브유

고대 지중해 세계의 필수품

한국인한테는 그리 익숙하지 않지만, 유럽과 서아시아 같은 지중
해 주변 지역의 사람들한테 올리브나무와 올리브를 짜낸 기름인
올리브유는 예로부터 생활에 없어서는 안 되는 필수품으로 여겨졌
다. 《구약성경》을 보면 신이 사람한테 내리는 축복이나 약속의 증
거로 올리브유와 올리브나무가 자주 등장하며, 그리스 신화에서도
올리브유는 아테나 여신이 아테네 시민들한테 내려준 축복으로 등
장한다.

《구약성경》 속 올리브유

《구약성경》의 출애굽기를 보면, 신이 모세한테 "너는 이스라엘 백
성에게 올리브를 찧어서 짜낸 기름을 가져다가 등잔불을 켜고 꺼

올리브 기름의 원료가 되는 올리브 나무의 열매

지는 일이 없도록 하라. 아론과 그의 후손들은 그 올리브유 등불을 만남의 장막 안 증거궤 앞의 휘장 밖에 켜두고 저녁부터 아침까지 꺼지지 않도록 보살펴야 한다. 이것은 이스라엘 백성이 대대로 지켜야 할 영원한 규정이다"라고 명령하는 내용이 등장한다(출애굽기 27장 20~21절).

여기서 언급된 '만남의 장막'은 이스라엘 백성들이 그들의 신인 야훼의 영을 모신 일종의 이동식 신전을 가리키며, 증거궤는 이스라엘 백성들이 야훼로부터 받은 율법인 십계명을 적은 돌판을 담은 궤짝을 말한다.

즉, 출애굽기에 의하면 신성한 장소와 보물을 찾기 위해서 올리브유로 켜낸 등불을 영원히 꺼지지 않도록 계속 보살피라고 신이 계시를 내렸던 것이다.

또한 출애굽기 30장을 보면, 신이 모세한테 "제일 좋은 향료, 몰약, 육계향, 향초, 들계피, 올리브유를 잘 섞어서 하나의 기름으로 만들어라. 그 다음 그것을 제사상과 그 모든 기구들, 등잔대와 그 모든 기구들, 분향단과 번제단과 그 모든 기구들, 물두멍과 그 밑받침에 기름을 발라라. 만약 그 기름을 몸치장 같은 다른 용도로 쓴다면 그런 사람은 족보에서 이름이 빠질 것이다"라는 계시를 주었다(출애굽기 30장 22~33절).

출애굽기 이후의 신명기를 보면, 모세가 이스라엘 백성들한테 신이 주겠다고 약속한 가나안 땅으로 데려가겠다며 설명을 하는 부분에서 "그곳에는 아직 너희가 가꾸지 않은 올리브나무들이 있으니 그것을 마음껏 먹게 되리라"는 내용이 언급된다(신명기 6장 10~11절). 그리고 이스라엘 백성들한테 "올리브나무 열매를 떨 때, 한 번 지나간 다음 되돌아가서 가지들을 샅샅이 뒤지지 마라. 그것은 떠돌이나 과부에게 돌아갈 몫이다"라고 경고하는 부분도 있다 (신명기 24장 20절).

고대 이스라엘에서는 가난한 사람들이 굶어 죽지 않도록 올리브나무에 달린 올리브 열매들을 딸 때 가지들을 샅샅이 뒤져서 모조리 따는 것이 아니라 약간 남겨두고 대충 따서 수확했다. 농장주나 일꾼들이 게으르고 멍청해서가 아니라, 가난한 사람들이 그것을 따서 먹을 수 있게 배려했던 것이다. 일종의 비상식량으로 취급되었던 모양이다. 이와 비슷하게 조선 시대에는 나무에 열린 홍시 같은 과일들을 일부러 다 따내지 않고 약간 남겨두어 가난한 사람들이 먹을 수 있게 했다.

아테네인들이 아테나를 선택한 이유

고대 그리스에서도 올리브 열매와 올리브유는 매우 중요한 물건으로 취급받았다. 그리스 신화를 보면, 그리스의 모든 도시 국가들 중에서 가장 번영하고 강성했던 아테네의 시민들이 지혜의 여신인 아테나와 바다의 신인 포세이돈을 불러서 "당신들이 우리한테 선물을 준다면 우리는 그것을 보고 당신들 중에서 어느 쪽을 우리 도

아테나와 포세이돈은 아테네를 두고 경쟁했는데, 올리브나무를 제공한 아테나가 승리했다. 1512년 그림.

시를 지켜줄 수호신으로 삼을지 결정하겠습니다"라고 제안을 하고 아테나와 포세이돈이 각각 시민들한테 올리브나무와 물을 선물로 주었다는 내용이 언급된다.

포세이돈이 준 물은 매우 짠 바닷물이어서 마실 수가 없었다. 물론 아테나가 준 올리브나무에서 열린 올리브 열매도 그 자체로는 매우 쓰고 시어 먹기 거북했지만, 열매를 식초와 소금에 담가 쓰고 신 맛을 약화시키면 먹을 만했고 무엇보다 열매를 짜내서 만든 올리브유는 등잔불에 넣어 불을 밝히거나 몸에 발라 건강을 유지하는 약품으로 쓸 수 있어서 매우 훌륭했다. 결국 아테네 시민들은 포세이돈이 아니라 아테나를 자신들의 수호신으로 삼게 되었다.

고대 그리스에서 올리브유와 올리브 열매는 굉장히 중요한 물건이었다. 고대 그리스는 국토의 대부분이 척박한 산지라서 밀이나 보리 같은 곡식들을 재배하기가 어려웠다. 반면 올리브나무는 척박한 산 투성이인 그리스 땅에서도 아주 잘 자랐다. 그래서 그리스인들은 일찍부터 올리브나무에서 수확한 올리브 열매로 만든 올리브유를 해외에 수출하면서 그 대가로 밀 같은 곡식을 수입하여 먹고살았다. 만약 올리브유가 없었다면 고대 그리스의 찬란한 문명은 존재하지 못했을 것이다.

6 / 삼나무 기름

이집트인과 켈트족이 사용한 시체 방부제

삼나무는 소나무과에 속하는 나무인데 여러 가지 품종들로 나뉜다. 그중에서 특히 서아시아 레바논 일대에서 자라는 삼나무는 이집트를 비롯하여 주변 나라들이 탐을 내는 귀중한 물건이었다. 레바논 삼나무는 병충해와 부패에 대한 저항력이 강해서, 집을 짓고 배를 만드는 자재로 쓰기에 좋다.

부패를 막다

고대 이집트에서는 레바논 삼나무가 인기 있는 최고급 수입품이었다. 기원전 2550년 무렵, 파라오 스네프루 시대에 작성된 기록에는 40척의 배에 삼나무를 가득 싣고 왔다는 내용이 언급된다. 이는 지금으로부터 4500여 년 전부터 이집트인들이 삼나무를 생활에 필요한 원자재로 애용했다는 사실을 보여준다.

고대 이집트라고 하면 사람들이 가장 먼저 떠올리는 것이 바로 미라다. 미라는 죽은 사람의 시체를 언젠가 그가 다시 살아날 때를 대비하여 썩지 않도록 방부 처리하는 고대 이집트의 풍습에서 비롯되었는데, 이 미라를 만들 때 삼나무가 매우 중요했다. 미라를 보관할 관을 삼나무로 만들었고, 미라의 장기가 썩지 않도록 시체 안에 주입하는 재료가 삼나무에서 뽑아낸 기름이었기 때문이다.

고대 그리스의 역사가인 헤로도토스는 《역사》에서 미라를 만들 때 삼나무 기름이 어떻게 쓰이는지 상세하게 기록했다. 우선 삼나무에서 뽑아낸 기름을 주입기에 넣은 다음, 미라를 만들 시체의 항문을 통해 배 안에 삼나무 기름을 가득 넣고 새지 않도록 잘 막는다. 그리고 나서 시체를 나트륨 등의 화합물로 만든 천연소다에 푹 담그고 70일이 지나 시체에 넣은 삼나무 기름을 배에서 빼내고 아마포로 만든 붕대로 시체의 온몸을 감싸 관에 넣으면 미라가 완성된다. 이때 삼나무 기름이 시체가 썩는 것을 막아주는 역할을 했다. 미라로 대표되는 고대 이집트의 찬란한 문명에는 삼나무 기름이 상당히 많은 도움을 주었던 것이 분명하다.

삼나무 기름을 효과적으로 사용했던 집단에는 고대 유럽의 켈트족도 있다. 켈트족은 영국, 아일랜드, 프랑스, 벨기에, 스위스, 스페인, 포르투갈, 이탈리아 북부, 오스트리아, 헝가리, 루마니아 등 유럽의 넓은 지역에 걸쳐서 분포했다. 이들은 인도-유럽어족에 속하며, 남쪽의 이웃인 로마인이나 그리스인보다 체격이 더 컸으며,

삼나무 기름의 원료인 삼나무. 고대부터 삼나무는 귀중한 목재였고 기름을 제공했다.

하얀 색의 피부와 파란 색의 눈동자에 노랗거나 붉은 머리카락과 짧은 목을 지녔다.

켈트족은 유달리 명성이 높거나 강력한 적수를 전쟁터에서 만나면, 그를 죽이고 목을 잘라 집으로 가져와서는 삼나무 기름을 가득 부어 담가서 보관했다. 썩지 않게 보관한 적의 머리를 켈트족은 집안의 가보로 다뤘으며 집에 손님이 오면 보여주며 자신이 전쟁터에서 발휘한 용맹의 증거라고 자랑스럽게 내세웠다. 켈트족들은 아무리 많은 금을 주어도 자신이 가져온 적의 머리는 남한테 팔 수 없다며 거절했다고 전해진다.

일본인들의 알레르기 유발 원인

이렇듯 삼나무는 부패와 병충해에 강한 목재이고 삼나무 기름은 방부제의 효능을 지녔기 때문에 일본에서는 일찍부터 전국 각지에 심어 두었다. 아직까지 매년 봄마다 삼나무에서 나오는 꽃가루로 국민들이 고생을 해도 일본 정부는 삼나무를 베어버리지 않고 그대로 두고 있다. 피해는 꽤 크다. 코를 통해 사람의 몸속에 들어가 온갖 알레르기 반응으로 고통을 준다. 일본 사람들은 봄에 그래서 마스크를 쓰고 다닌다.

하지만 현재 일본은 인건비가 매우 비싸기 때문에 자국에 심은 삼나무를 베어서 목재로 활용하는 것보다 해외에서 목재를 수입해 가공해서 사용하는 편이 더 비용이 싸다. 일본의 삼나무들은 이러지도 저러지도 못하는 애물단지로 전락한 지 오래다. 일본인들의 알레르기도 한동안 계속될 수밖에 없다.

빙어과의 일종인 캔들피시는 북미 서해안에 서식하는 작은 생선이다. 캔들피시는 옛날부터 북미 서해안 원주민들한테 요긴한 식량으로 쓰였다. 특히 원주민들의 전통 축제 포틀래치에서 캔들피시 기름을 잔뜩 모았다가 불태우는 의식은 축제의 절정에 해당한다.

쓰임 많은 생선 기름

캔들피시Candlefish는 율라촌Eulachon이라고도 불리며, 빙어과에 속하는 물고기로 바다빙어라고도 일컬어진다. 캔들피시는 다 자라면 몸 길이가 최대 30센티미터이지만, 대부분은 15~20센티미터에 그친다. 머리의 뒤에서부터 꼬리까지는 갈색 또는 파란색이고 몸의 옆구리는 은백색을 띠며 배는 하얀색이다. 캔들피시의 주식은 플

랑크톤, 다른 생선들의 알, 곤충 그리고 새우 같은 작은 갑각류들이다.

캔들피시는 민물에서 태어났다가 바다로 가서 대부분의 시간을 보내는데, 죽을 때가 가까워지면 자신이 태어난 강으로 돌아와서 알을 낳고는 힘이 다 빠져 죽는다. 이러한 특성은 연어들에게서도 발견된다.

미국 알래스카나 캐나다 브리티시컬럼비아 같은 북미 대륙 서해안의 원주민들은 캔들피시를 무척 좋아했다. 캔들피시는 원주민들의 소중한 식량 자원이었다. 캔들피시는 사나운 맹수도 아니고 온순한 성격인데다 무엇보다 강이나 바다에 폭넓게 서식하는 물고기다. 원주민들로서는 곰이나 사슴 같은 큰 짐승들을 힘들게 사냥하는 것보다 상대적으로 편하게 캔들피시를 잡아서 손쉽게 식량으로 사용할 수 있었다. 원주민들은 캔들피시를 주식으로 삼았다.

잡힌 캔들피시는 말리거나 훈제하여 오랫동안 저장하여 식량으로 먹을 수 있었다. 북미 서해안 지역은 북극에 가까워서 겨울이 무척 길고 다른 지역에 비해 매우 추운데, 오히려 그런 기후 때문에 잡은 캔들피시를 말리거나 훈제하기가 쉬운 장점이 있었다.

캔들피시는 쓰임새가 많았다. 캔들피시는 몸에 기름이 많아서 원주민들은 가공하여 횃불이나 등잔불로 사용하거나 가죽 제품이 상하지 않도록 표면에 바르는 윤활유로 사용했다.

기름을 만드는 과정은 이렇다. 우선 땅을 파고 구덩이를 만든 다음 캔들피시를 그 안에 넣어두고 일주일 이상 시간을 보내 썩게 한다. 그 다음 끓는 물을 붓고 물의 표면에 떠오르는 캔들피시의 기름만 걷어내어 모으는 것이다. 이렇게 만든 캔들피시 기름은 원주민들 사이에서 무척 중요한 물건으로 여겨졌다.

포틀래치의 절정

캐나다 밴쿠버 섬의 원주민 부족인 콰키우틀족들한테는 캔들피시의 기름이 한 해를 마무리하는 축제에서 쓰이는 소중한 물건이었다. 콰키우틀족은 자신들이 사냥하거나 낚시한 동물의 고기, 생선, 생선기름, 야생 열매 같은 음식들을 잔뜩 모아놓고서 다른 마을 사람들을 초대하여 큰 잔치를 벌여 실컷 먹게 하는 포틀래치potlatch라는 풍습이 있었다.

콰키우틀족의 문화를 연구하는 미국과 유럽의 학자들은 이 포틀래치를 두고 "도무지 이해할 수 없는 이상한 풍습이다"라며 신기하게 여겼다. 잉여 재산의 축적을 통한 자본주의 사회 운영 원리에 익숙해진 서구인들의 가치관으로서는 포틀래치는 그저 미친 짓에 불과했기 때문이었다.

하지만 콰키우틀족의 사회에서 포틀래치는 나름의 이유가 있는 행사였다. 베푸는 사람에게는 자신이 다른 사람들한테 마음껏 음식을 나누어 줄 만큼 인심이 많고 자비로우며 크게 성공했다는 사실을 자랑할 수 있는 의식이었기 때문이다.

콰키우틀족 사회에서 새로운 추장이 되려는 사람은 반드시 포틀래치를 해야 했다. 원시사
회에서 지도자가 되려면 다
른 사람들한테 자신이 가진
것을 많이 베풀어 인심을 얻
어야 한다. 고대 유럽의 게
르만족은 부유한 왕이나 부

캔들피시 기름은 북미 원주민들의 축제인 포틀래치에서 매우 중요하게 쓰인다.

족장의 경우 부하들한테 급료로 짐승의 고기를 나누어주었는데 그
양이 많으면 많을수록 부하들한테 인심이 넉넉하다며 칭송을 받았
고, 그 소문을 듣고 더 많은 부하들이 섬기겠다고 몰려와서 그만큼
더욱 강력한 영향력을 지닐 수 있었다.

　추장이 되려는 사람이 동시에 여러 명 나올 수도 있는데, 그럴
때 더 많은 양의 포틀래치를 베풀 수 있는 사람이 다른 사람들로부
터 인정을 받았다.

　포틀래치에서 가장 중요한 순간은 바로 캔들피시의 기름을 집
안에 모아놓고 한꺼번에 불을 붙이는 일명 '기름 축제'였다. 기름
축제는 캔들피시의 기름을 쇠, 나무, 흙으로 만든 여러 개의 항아
리에 잔뜩 넣고는 집 한가운데에 불을 지핀 곳에다가 몽땅 부어버
리면서 시작된다. 이렇게 하면 캔들피시의 기름이 불에 타면서 집
안에 검은 색의 연기가 잔뜩 차오르는데, 그러면 포틀래치를 개최
한 사람(보통 추장이나 추장 후보자)은 자신이 초대한 사람들을
불러 모아놓고 "나는 여러분들을 위해서라면 1년 내내라도 이렇게
방에 잔뜩 연기가 차도록 캔들피시의 기름을 태울 수 있습니다!"

포틀래치 축제를 알래스카에서 2020년에 재현한 모습(flicker).

라고 자랑스럽게 외친다.

헌데 이때 초대받은 사람들은 칭찬과 감탄을 하는 게 아니라, "당신이 우리를 위해서 태울 수 있는 캔들피시 기름의 양이 겨우 이 정도 밖에 안 된단 말이오?"라고 비웃는 말을 한다. 이는 그들이 정말로 포틀래치 개최자를 얕잡아보거나 모욕을 주려는 게 아니라, 자만하지 말라는 격려의 의도로 던지는 말이다.

그러면 포틀래치를 연 사람은 그들의 반응에 자극을 받아서 더 많은 양의 캔들피시 기름을 불에 던져서 태워버리는데, 그 과정에서 자칫 집의 천정에 불이 붙기도 하지만 누구도 그런 행동에 대해 탓하거나 나쁘게 보지 않는다. 오히려 그렇게 할 만큼 많은 캔들피시 기름을 모은 사람에 대해 칭찬하며 즐겼다.

46

8 / 밀랍

달콤하지 않지만 유용한 기름

자연 상태에서 달콤한 맛을 내는 조미료인 꿀은 벌이 꽃에서 채취하여 만들어내는 물질이다. 꿀 말고 벌이 만들어내는 물질은 없을까? 물론 있다. 바로 밀랍蜜蠟이다. 밀랍은 벌이 꽃에서 채취한 당을 몸속에서 화학 작용을 거쳐 밖으로 뽑아낸 것으로 기름의 일종이다.

데마라토스와 이카루스

밀랍은 꿀과는 달리 그리 달콤한 맛이 나지 않아서 먹기에는 다소 부적합하다. 먹지 못하는 것은 아니지만, 많이 먹게 되면 복통이나 설사 같은 부작용을 겪을 수 있으니 가급적 먹지 않는 편이 좋다.

하지만 밀랍의 진정한 효능은 다른 데 있다. 밀랍은 일상생활에

꿀벌들이 몸에서 뽑아낸 기름인 밀랍.

서 매우 유용하게 사용되는 물질이다.

밀랍은 동서양을 막론하고 고대와 중세 시기 각지에서 매우 중요하게 쓰였다. 아직 종이가 전파되지 않았던 중세 유럽에서는 나무로 만든 판 위에 쇠로 만든 펜으로 글씨를 썼는데, 오래 보존하거나 때로는 숨기기 위해 나무판 위에 밀랍을 입히기도 했다.

이와 관련하여 한 가지 재미있는 이야기가 전해진다. 고대 페르시아 제국의 황제인 크세르크세스 1세가 그리스를 공격하러 원정을 떠나려 하자, 왕위에서 쫓겨나 페르시아로 망명을 떠났던 데마라토스가 조국 스파르타에 두 개의 목판을 보냈다. 그런데 스파르타인들이 목판을 받아보니 그 위에는 그저 밀랍이 입혀져 있을 뿐, 내용을 알 수가 없었다. 이때 스파르타의 왕비인 고르고가 목판 위에 입혀진 밀랍을 벗겨보라고 명령한다. 밀랍 아래에 드러난 목판에는 페르시아가 쳐들어온다는 내용이 적혀 있었다.

왜 데마라토스가 목판 위에 밀랍을 입혀서 스파르타로 보냈는지는 정확히 알 수 없다. 페르시아에서 스파르타로 물건을 보내려면 바다를 건너야 하기 때문에 목판이 습기에 젖어 뒤틀려서 글씨가 훼손되는 것을 막기 위해서 또는 페르시아인들한테 목판에 쓴 글 내용이 적발되는 것을 숨기기 위해서 밀랍을 입혔다고 추정해 볼 수 있다.

〈이카로스의 추락〉. 루벤스의 1636년 작품이다.

고대에 밀랍은 접착제의 일종으로도 사용되었다. 그리스 신화에서 크레타의 왕인 미노스로부터 미움을 받은 기술자 다이달로스와 그의 아들인 이카로스는 미궁에 갇힌다. 다이달로스는 새들이 흘린 깃털들을 모아서 어깨에 밀랍을 녹여 붙여 일종의 날개를 만든 다음, 아들과 함께 미궁을 날아서 빠져나갔다. 헌데 이카로스는 아버지의 경고를 무시하고 지나치게 높이 날다가 그만 뜨거운 햇빛에 밀랍이 녹으면서 날개가 떨어져 추락해 죽고 말았다.

여진족을 때린 결과

밀랍은 밤의 어둠을 밝히는 물건인 양초를 만들거나, 방수제나 왁스를 만드는 데 반드시 필요한 물건이다. 그런데 때로는 밀랍 때문에 전쟁이 벌어져 나라가 망하고 역사가 바뀌는 일도 일어났다.

오늘날 중국 동북부인 만주 지역은 원래 수렵과 농사와 낚시를 하면서 살아가던 부족 집단인 만주족이 살아가던 땅이었다. 만주족은 한국의 고대 왕조인 부여 시절에는 읍루족, 삼국 시대에는 말갈족, 고려 시대에는 여진족이라고 불렸다. 이들은 고구려와 발해에 복속되어 살다가 발해가 거란족이 세운 요나라에 의해 망하자 다시 요나라의 지배를 받으며 살아갔다.

헌데 중국 사서에서는 여진족의 조상인 읍루와 말갈족을 가리켜 "동굴 속에 살면서 집의 가운데에 화장실을 만들어 대소변을 누었고 글자가 없었으며 오줌으로 얼굴을 씻었다"라고 표현하였다. 과장이 섞였을 수 있겠지만 그만큼 주변의 다른 민족들에 비해 문화적인 수준이 뒤떨어졌다는 뜻으로 해석할 수 있다.

그런 이유 때문인지 요나라의 거란족은 여진족을 매우 깔보고 업신여겼다. 중국의 역사서인 《거란국지契丹國志》에 의하면 여진족은 자신들의 양봉을 통해 채취한 밀랍을 현재의 중국 동북부 지린성吉林省에 설치된 시장인 각장榷場에 가서 거란족을 상대로 팔았는데, 거란족은 여진족이 가져온 밀랍을 그들이 부르는 원래의 가격보다 더 낮게 사들였다.

이런 처사에 여진족이 항의하거나 화를 내면 거란족은 여진족한테 욕설을 퍼부으며 폭행하는 일이 잦았는데 이것을 타여직打女眞이라고 불렀다고 한다. 여기서 여직이란 여진족을 부르는 다른 이름이니, 곧 타여직은 '여진족을 때린다'는 뜻이 된다.

이렇게 거란족의 횡포에 당하고 살던 여진족은 자연히 그들에 대한 분노와 증오가 쌓여갔는데, 그때 1114년 완안부족의 추장인 완안아골타完顔阿骨打는 여진의 여러 부족들을 통일하고 요나라에 맞서 대대적인 반란을 일으켰다.

처음에 요나라는 이 소식을 듣고 무척이나 우습게 여겼다. 당시까지만 해도 요나라는 중원의 송나라와 서하마저 굴복시킬 만큼 동북아의 최강대국이었던 반면, 아골타가 이끄는 여진족은 얼마 전까지만 해도 부족으로 나누어져 살아가던 가난하고 미개한 집단으로 여겨졌기 때문이다.

하지만 요나라에 대한 복수의 일념으로 불탄 아골타와 그가 이끄는 여진족들은 요나라 군대와 싸울 때마다 승리를 거듭하였다. 각장이 설치된 지역의 거란족은 과거 타여직이라 불리며 모욕과 멸시의 대상이 되었던 여진족의 분노를 사서, 모두 여진족한테 죽임을 당했다. 당시의 정황을 묘사한《거란국지》의 구절을 보면, 여진족 병사들이 긴 창으로 거란족 아이들을 찔러 죽이고 그 시체를 창에 꽂은 채로 들고 다니면서 웃고 춤을 추었다고 하니, 여진족이 얼마나 거란족에 대한 분노와 복수심에 불탔는지 알 수 있다. 매우 섬뜩하다.

결국 요나라의 모든 영토는 1115년 아골타가 세운 금나라에 의해 점령당했고 1125년에 요나라의 마지막 황제인 천조제天祚帝가 도망치다가 금나라 군대한테 붙잡히고 말았으니 요나라는 여진족이 반란을 일으킨 지 불과 10년 만에 멸망하였다. 밀랍 때문에 벌어진 다툼이 결국에는 한 나라를 몰락시켰던 것이다.

버터 금지령 때문에 불붙은 종교개혁

소의 젖인 우유를 발효시켜 만드는 버터는 북유럽인들한테 매우 중요한 조미료였다. 올리브유를 요리에 사용했던 따뜻한 남유럽과 달리 추운 북유럽에서는 버터가 쓰였다. 로마 교황청은 사순절에 버터를 먹지 말라는 내용의 금지령을 오랫동안 유지했는데, 종교개혁을 일으킨 루터는 버터 금지령을 비난하면서 로마 교황청과 결정적으로 갈라섰다.

버터를 먹지 말라고?

가톨릭교회가 지배하던 중세 유럽에는 금기가 하나 있었다. 서기 9세기부터 가톨릭교회의 중심지인 로마 교황청에서는 사순절, 즉 가톨릭교회를 비롯한 기독교의 신이자 구세주인 예수 그리스도

소의 젖인 우유로 만드는 버터는 북유럽인들한테 매우
중요한 조미료였다.

가 죽었다가 다시 살아난 날인 부활주일 이전의 40일 동안, 광야에서 음식을 먹지 않고 고행을 했던 예수의 고난을 기념하는 의미에서 육류와 버터를 먹지 않았다.

이 금기를 어기고 사순절에 버터를 먹으면 우상 숭배보다 더 큰 죄를 짓는 것으로 간주되며, 부득이하게 먹어야만 한다면 교황청에 미리 사정을 설명하고 면죄부를 발급받아야 했다.

왜 버터를 먹지 말라고 했을까? 버터는 우유로 만든 식품이니 자연히 쇠고기와 연결된다는 것이었다. 버터 역시 넓은 범주에서 보면 쇠고기라고 할 수 있으니 먹으면 안 된다는 뜻이다.

이탈리아와 스페인 같은 남유럽에서는 사순절의 버터 금지가 아무런 거부감 없이 받아들여졌다. 전통적으로 남유럽에서는 버터를 미개한 북방 야만인들이 먹는 음식으로 여겨 그다지 좋아하지 않았고 올리브기름을 더 선호했기 때문이다.

고대 그리스인들은 북쪽에 살던 트라키아인(지금의 불가리아에 살았던 고대 민족)을 향해 "버터를 먹어서 냄새가 나는 야만인들"이라고 비웃었다. 로마의 시인인 루카누스도 게르만족의 일파인 부르군트족에 대해 "그들은 버터를 머리카락에 바르고 살아서 악취가 멀리까지 풍긴다"라고 조롱했다.

54

따뜻한 기후가 특징인 남유럽에서는 버터가 없어도 대용품인 올리브기름을 얼마든지 구할 수 있었다. 반면 북유럽 지역에서는 추운 날씨 탓에 올리브를 기를 수가 없어서, 사순절에 버터가 아니면 당장 식생활에 쓸 기름을 구하기가 어려웠다. 게르만 문화의 영향으로 버터를 선호하던 북유럽 지역에서는 교황청의 포고를 선뜻 따르려 하지 않았다. 신성로마제국(독일)과 영국, 프랑스, 덴마크와 스웨덴 같은 북부 지방에서 왕족과 귀족들은 사순절에 버터를 먹을 수밖에 없으니 그 죄를 용서해달라며 교황에게 면죄부를 신청하고 돈을 바치는 일이 비일비재했다. 교황청은 면죄부를 발급해주는 대가로 막대한 수익을 챙겼다.

교황청은 이렇게 생긴 돈을 나름대로 아주 유익하게 썼다. 판매 수익이 이교도 이슬람교 세력한테 빼앗긴 기독교의 성지 예루살렘을 되찾으려는 십자군 전쟁을 위한 군자금으로 들어갔던 것이다.

하지만 십자군 전쟁에 관한 회의는 점차 커졌다. 이슬람교 세력에 맞서서 십자군을 보내도 이슬람교 세력이 약해지기는커녕 더욱 강력해져 유럽을 위협했기 때문이다. 오늘날 튀르키예의 전신인 오스만 제국은 오히려 1453년 콘스탄티노플(현재 튀르키예 이스탄불)을 함락시켜 동로마 제국을 멸망시킨 것을 시작으로 동유럽 깊숙이 계속 쳐들어왔다. 그리하여 1455년에는 세르비아, 1456년에는 보스니아, 1479년에는 알바니아가 오스만 제국한테 점령당했다. 심지어 1480년에는 이탈리아 남부 오틀란토에도 오스만 군대가 침입하였다.

북유럽 곳곳으로 퍼져 나간 루터의 외침

날로 가중되는 오스만의 위협에 맞선 기독교를 대표하던 교황청은 전쟁 자금이 절실했고, 십일조나 면죄부 판매를 통해 더 많은 돈을 충당해야만 했다. 하지만 점점 늘어나는 세금에 대한 반발감도 커져만 갔다. 그중에서 독일 지역은 반발이 매우 거셌다. 독일인은 게르만족의 후손답게 버터를 좋아했는데 교황청은 사순절 기간에 버터를 먹는 행위를 허용하는 대가로 세금을 계속 올렸기 때문이었다. 식탁에서 버터를 먹을 때마다 머나먼 교황청으로 세금을 보내야 한다는 사실에 독일인들은 점점 화가 치밀어 올랐다.

그리하여 1520년 마침내 버터 금지령에 대한 분노가 폭발했다. 독일의 종교개혁가 마르틴 루터는 유명한 선언서인 〈독일의 기독교 귀족들에게 고함〉에서 교황청의 버터 금식령을 강도 높게 비판했다.

"사순절 이전에 버터를 먹는다고 대체 무슨 죄가 된다는 것입니까? 로마 교황청의 버터 금식령은 성경 어디에도 그 근거가 없는 허황된 말일 뿐입니다. 버터를 먹는 것이 죄라면 올리브 기름이나 치즈를 먹는 것도 죄가 되지 않겠습니까? 더구나 로마 교황청의 행태를 보십시오. 그들은 부유한 왕족과 귀족들에게 사순절까지 버터를 먹어도 된다는 면죄부를 발급해주는 대가로 막대한 돈을 모으고 있습니다. 이런 교회의 썩어빠진 현실을 바로 잡지 않는다면 예수 그리스도의 복음이 무슨 소용이 있겠습니까?"

버터 금식령을 반대하고 나선 루터의 외침은 순식간에 북유럽 각지로 퍼져나갔다. 덴마크와 스웨덴을 비롯한 스칸디나비아의 나라들은 루터의 말에 따라 가톨릭 교회와 단절하고 그가 창설한 개신교를 믿겠다고 선언했다. 네덜란드와 독일 북부에서는 성난 군중들이 가톨릭 교회로 몰려가 불을 지르는 사건이 빈발했다. 그 자리에 개신교 교회가 들어섰다. 북유럽 지역에서는 두 번 다시 가톨릭 교회 세력이 회복되지 못했다.

종교개혁의 기수 루터의 초상화. 종교개혁의 시발점에는 가톨릭의 '버터 금지령'이 있었다.

천 년 동안 중세 유럽을 지배했던 가톨릭 교회를 위협한 종교개혁을 일으킨 건 바로 버터였다. 이렇듯 역사는 아주 사소한 동기로부터 커다란 변화가 시작되기도 한다.

버터의 정제 기름

소의 젖인 우유에서 얻는 식용 동물성 기름이 버터다. 그리고 이 버터를 정제하여 얻을 수 있는 기름이 바로 기ghee다. 한국인들한 테는 다소 생소하지만 인도인들은 일상적으로 매우 즐겨먹는 음식 이다.

인도의 문화에 녹아든 기

기는 인도 문명의 뿌리인 인더스 계곡에서 유래한 정제 버터의 일 종이다. 기는 고대 인도의 언어인 산스크리트어에서 "밝은 버터" 라는 뜻을 담았던 그르타Ghrta에서 유래했다. 기는 인도의 요리나 전통 의학 및 종교 의식에 폭넓게 사용된다. 기는 일반적으로 버터 를 만들 때처럼 우유를 국자로 오랜 시간에 걸쳐 계속 휘저으면서 표면의 불순물을 걷어낸 다음, 그렇게 나온 맑은 액체 지방을 유지하고 응고시킨 후에 약한 불로 끓여서 만들어낸다. 기를 만드는 건 굉장히 시간이 오래 걸리고 육체적으로 힘든 과정이다.

힌두교에서 전해지는 창세 신화를 보면, 데바(신)와 아수라(악마) 두 종족이 태초의 세상에 가득했던 우유의 바다를 커다란 뱀인 바수키의 꼬리와 머리

버터를 정제하여 얻을 수 있는 기름인 기. 인도인들한테는 매우 친숙한 식재료다.

를 잡고서 천 년 동안 계속 휘저었는데, 거기서 마시면 결코 죽지 않는 신비한 음료수인 암리타Amrita가 흘러나왔다고 전해진다. 이는 인도인들이 오랜 옛날부터 기를 만들어온 과정을 신화적인 비유로 묘사한 것이다.

힌두교에서 숭배되는 불의 신 아그니는 신들한테 "나의 형들은 공물을 운반하다가 죽었으니, 내가 당신들한테 공물을 바치면 나한테 정제된 버터를 달라"고 부탁했는데, 여기서 아그니가 언급한 정제된 버터가 바로 기다.

힌두교라고 하면 으레 떠오르는 이미지 중 하나가 소를 성스러운 동물로 여긴다는 것이다. 실제로 힌두교의 교리에 의하면 최고 신들 중 한 명인 비슈누가 인간으로 태어난 영웅인 크리슈나는 소를 키우는 목동이었고, 시바가 타고 다니는 동물은 난디라는 황소이며, 암소 한 마리의 몸속에는 무려 3억 3000만 명의 신들이 산다

고 한다.

그렇기 때문에 전통적으로 인도에서 기는 신성한 동물인 소가 짜낸 우유에서 만들어지는 무척 성스러운 식재료로 여겨진다. 오늘날 힌두교의 종교 의식에서도 성직자인 브라만은 신들한테 제물을 바칠 때 기를 불에 던져 넣는다. 이는 불의 신인 아그니를 매개체로 삼아 다른 신들한테 소중한 기를 제물로 바친다는 뜻이기 때문이다.

한편 기에는 풍미를 위해 향신료를 첨가할 수 있다. 기의 질감과 색깔과 맛은 버터의 품질, 버터를 만드는 데 사용된 우유 공급원 및 끓이는 시간에 따라 달라진다. 오늘날 기를 만드는 인도의 식품 회사들은 짭짤한 맛을 내기 위해서 기에 소금을 첨가하는데, 독실한 힌두교 신자들은 이를 좋지 못하다고 여기고 소금을 넣지 않은 순수한 기를 애써 찾는다.

또한 힌두교 신자들은 위대한 영웅으로 추앙받는 크리슈나가 태어난 날을 기념하여 기를 찬양하는 노래를 부른다. 인도에서는 결혼식이나 장례식 같은 중요한 행사를 할 때에 불을 피우고 거기에 기를 던져 신들한테 뜻을 전하는 목적으로 사용한다.

기는 인도 요리에 흔하게 쓰이는 조미료다. 인도에서는 전통 빵인 난에 기를 곁들여 먹는 모습을 일상적으로 볼 수 있다. 인도의 동부인 뱅골 지역에서는 요구르트, 커민 씨앗, 옥수수 가루, 마늘, 소금에 기를 넣고 요리한 카레를 쌀과 렌즈콩을 곁들여서 먹는 것이 전통 저녁 식사다. 기는 카레의 맛을 부드럽게 만든다. 쌀 요리와 과자 등 남인도 요리에도 기가 널리 사용된다. 남부 인도인들은 피클과 카레를 함께 먹기 전에 쌀에 기를 첨가하는 습관이 있다. 그들은 인도에서 기를 가장 많이 사서 먹는 소비자들이다. 또한 인도 남동부의 텔랑가나주의 주민들은 기를 사용하여 짭짤하고 달콤한 요리를 만든다.

인도 북부에서는 전통적으로 납작하게 생긴 빵인 파라타를 즐겨 먹는데, 여기에도 일반적으로 기를 곁들여 먹는다.

인도 이외의 지역에도 기와 비슷한 정제 버터가 존재한다. 이집트에서는 버터 기름이라는 뜻을 담은 삼나 발라디samna baladi를 만드는데, 이는 제조 과정 및 결과물이 기와 비슷하지만 우유 대신에 물소의 젖으로 만들어지며 노란 색깔을 띄는 기와는 달리 하얀 색이다.

기는 발연점이 섭씨 250도로 일반적인 조리 온도인 200도보다 높기 때문에, 튀김 요리에 함께 넣기에 매우 적절하다. 대부분의 식물성 기름을 넣고 튀김 요리를 했을 때보다 풍미와 맛이 더 좋다.

버터 숙성 및 정화 온도도 기의 풍미에 영향을 미친다. 예를 들어 버터를 100도 이하에서 정제하여 만든 기는 부드러운 맛을 내는 반면 120도 이상의 온도에서 만든 기는 강렬한 맛을 낸다.

11 / **악어 담즙**

마르코 폴로가 중국에서 본 것

대부분의 사람들은 악어를 매우 사납고 흉측한 짐승으로 여기며, 별로 가까이 하고 싶어 하지 않는다. 그런데 악어가 사람한테 도움이 되는 때도 있다. 악어의 담즙, 즉 쓸개즙은 출산을 돕고 피부병을 치료하는 약으로도 쓰였다.

중국 오지에 대해 기록을 남긴 《동방견문록》

중국 서남부의 윈난성은 오늘날에도 교통이 불편하여 오고 가기가 어려운 오지로 꼽힌다. 비행기와 자동차가 보편화된 21세기에도 이러니, 서기 13세기 무렵의 중국에서 윈난성은 방문하기가 하늘에 올라가는 것만큼 어려웠던 오지 중의 오지였다.

그럼에도 불구하고 이런 오지에 대한 문헌 기록들이 꽤나 많이 남아 있다. 아마 원난성에 분포하는 풍부한 산물과 진기한 풍속이 외부인들의 호기심을 끌어서 방문하는 발길이 있었던 것으로 여겨진다. 그중에서는 중국에서 거리가 먼

보통 악어는 혐오스러운 짐승으로 간주되지만 경우에 따라서는 가죽이나 고기 및 담즙 같이 사람에게 쓸모가 많은 물건을 제공하기도 한다.

서양에서 온 방문객도 있었다.

중세 이탈리아의 도시 국가인 베네치아는 활발한 상업 활동으로 지중해의 해상 무역을 장악했으며, 더 나아가 베네치아의 상인들은 지중해를 훨씬 벗어나 더 먼 곳으로까지 새로운 시장과 상품을 찾아서 여행을 떠났다. 그중 한 명이 바로 중국을 다녀와서 자세한 기록을 남긴 마르코 폴로다. 마르코 폴로는 1274년에 아버지 니콜로, 삼촌 마페오와 함께 원나라를 직접 방문하였으며 자신의 눈으로 중국 각 지역의 온갖 물산과 풍습을 관찰하였다. 이런 기억을 1295년에 고향으로 돌아와서 대필 작가인 루스첼티노한테 불러주어 받아 적게 하였는데 그것이 바로 지금까지도 남아 있는 《동방견문록》이다.

《동방견문록》은 유럽 각국의 다양한 언어로 번역되어 출간될 만큼 높은 인기를 누렸다. 콜롬버스마저 《동방견문록》을 읽고 원나라에 가기 위해 직접 배를 타고 대항해에 나섰을 정도였다.

다만 높은 인기와는 별개로 유럽에서는 《동방견문록》에 대해

"지나치게 과장이 심해서 그대로 믿기 어렵다"라는 혹평도 있었다. 하지만 이는 당시 유럽인들이 로마 제국 붕괴 이후로 오랫동안 유럽에 갇혀서 지내느라 식견이 좁아진 나머지, 그들과 다른 문화에 대해서는 잘 받아들이거나 이해하기가 어려웠던 탓도 있었다.

예를 들어, 마르코 폴로는 《동방견문록》을 통해 "중국에서는 금이나 은 대신, 종이로 만든 돈인 지폐를 가지고 물건 값을 계산한다. 또한 중국에서는 가정에서 불을 땔 때에 나무 대신에 검은 돌(석탄)을 쓴다"라고 주장했는데, 이에 대해 유럽인들은 "너무나 터무니없는 거짓말이다. 어떻게 오래 가도 변하지 않는 귀금속인 금과 은을 놔두고 툭하면 찢어지는 종이로 물건 값을 계산한단 말이냐? 중국에는 전부 바보들만 산단 말인가? 그리고 세상에 불타는 돌이 어디 있느냐? 마르코 폴로는 허풍쟁이에 사기꾼이다!"라며 반발했다고 전해진다.

물론 《동방견문록》이 회상록이어서 기억의 혼동으로 원래의 사실과 다른 내용이 들어갈 수도 있었다는 점과 마르코 폴로가 책을 더 많이 팔기 위해 어느 정도 과장을 덧붙였을 수도 있다는 점도 감안을 하기는 해야 한다.

카라잔의 만병통치약

어쨌든 《동방견문록》에서 마르코 폴로는 카라잔, 즉 오늘날 중국 서남부 윈난성 지역의 이상한 풍습에 대해 설명을 한다. 그는 윈난성에는 아주 큰 뱀들이 사는데, 그 몸의 길이가 10걸음에다가 둘레는 손으로 10뼘이나 되며 머리에 가까운 곳에는 두 개의 다리가 달렸고 입과 이빨이 커서 사람을 삼킨다고 하였다. 유럽인들은 이 부분만 보고서 "마르코 폴로가 또 허풍을 늘어놓는다!"라고 고개를 저었을 법도 한데, 사실 여기서 마르코 폴로가 언급한 뱀은 윈난성에 사는 악어다. 마르코 폴로는 생물학자가 아니기에 악어와 뱀의 차이를 구분할 수 없었고, 그래서 악어를 뭉뚱그려 뱀이라고 표현했던 것으로 여겨진다.

마르코 폴로의 계속 이어지는 설명에 의하면, 윈난성의 주민들은 밤에 악어를 사냥하는데 그 방법은 대략 이렇다. 우선 악어들이 지나가는 길을 미리 알아내어 흙을 파내고 끝에 칼이 달린 나무 말뚝들을 꽂아놓고 살짝 모래로 덮어두면, 악어가 돌아와서 지나가다가 말뚝 끝에 달린 칼에 얇은 뱃가죽이 찢어져서 그대로 죽고 만다. 그러면 윈난성의 주민들은 죽은 악어의 몸에서 담, 즉 쓸개를 꺼내어 비싼 값에 필요로 하는 사람들한테 팔아넘긴다.

윈난성 주민들이 악어의 쓸개를 사고파는 이유는 그것이 여러모로 굉장히 쓸모가 많은 물건이었기 때문이다. 우선 그들은 악어의 쓸개즙을 약간만 마시면 곧바로 광견병이 낫는다고 생각했다. 또한 임신한 여성들이 아이를 낳으려 할 때 많은 경우 무척 아프고 힘든데, 그때 악어의 쓸개즙을 약간만 마시면 놀랍게도 아이가 금방 나와서 임산부들이 고통스러워하지 않는다고 했다는 것이다. 또한 윈난성은 기후가 덥고 습기가 많아서 피부에 종양 같은 병들

마르코 폴로는 《동방견문록》에 중국을 방문해서 겪은 진귀한 경험(?)을 기록으로 남겼다. 그중에는 악어로 추정되는 동물에 관한 이야기도 있다.

이 자주 발생하는데, 그럴 때에 악어의 쓸개즙을 피부에 바르면 며칠 안으로 모든 피부병들이 치료된다고 한다.

그런 이유들로 인해서 원난성 주민들은 악어를 자주 잡아 그 쓸개를 꺼내서 얻은 쓸개즙을 상비약처럼 미리 보관하고 있다가 필요한 때가 오면 바로 마시거나 피부에 바르는 식으로 질병을 고쳤다.

이런 마르코 폴로의 주장이 사실인지 지어낸 것인지 지금은 알 수 없다. 다만 헤밍웨이의 소설 《노인과 바다》에서 상어의 간 기름이 몸에 좋다고 먹는 장면이 나오는 것으로 미루어 볼 때, 악어의 쓸개즙 역시 민간에서 건강에 좋다고 여겨질 수 있었을 것이다. 또한 악어의 담즙이 어느 정도는 사람의 몸에 유익한 기능을 한다고 추정해볼 수 있다.

12 / 고추기름

'붉은' 기름에 담긴 매운 역사

고추에서 우려낸 고추기름은 중국 요리 마파두부나 한국 요리 육개장을 만들 때에 반드시 들어가는 조미료다. 고추장보다 깊은 맛을 내기 때문에 매우 중요한 식재료다.

임진왜란 때에야 한반도에 등장

고추기름의 역사는 언제 시작되었을까? 확실한 답을 내리기는 어렵다. 왜냐하면 고추라는 식물이 우리에게 알려진 지 그리 오래되지 않았기 때문이다.

고추의 원산지는 아메리카 대륙의 멕시코이다. 1492년 아메리카 대륙 쿠바와 아이티를 탐험한 스페인 선장 콜롬버스가 발견하고서 자기 나라로 가져갔고 당시 아시아 나라들과 무역을 하던 스페인

중국 요리에서 고추기름은 필수 조미료다.

과 포르투갈 상인들이 인도와 일본
등 아시아로 가져가서 전파했다.

인도에서는 1500년부터 고추가
재배되었으며, 일본에서는 1542년
서부 지역 규슈의 영주인 오오토모
요시시게가 포르투갈 선교사로부
터 선물로 받은 후 재배됐다. 일본

에서는 고추를 식용이 아니라 관상용으로 길렀다. 예나 지금이나
일본인들은 매운 맛에 대한 거부감이 심하기 때문이다.

고추는 1592년부터 1598년까지 일본이 조선을 침략한 임진왜란
무렵, 일본군을 통해 한반도에 전파되었다고 알려져 있다. 아마 조
선에 항복한 일본군 항왜들이 조선에 전해준 문물 중에 고추가 포
함되었던 모양이다.

고추가 처음부터 우리 조상들한테 환영을 받았던 것은 아니었
다. 임진왜란 이후인 1614년 이수광이 지은 문헌《지봉유설》을 보
면 고추를 가리켜 "지금 그 종자가 주점에 이따금 보이는데, 그 맛
이 맵고 독하여 많이 먹는 사람은 죽는다"라고 부정적으로 표현했
다. 고추 요리법은 1740년에 이표라는 사람이 지은 요리책인《수
문사설》에 처음으로 언급되는데, 이 책에는 메주콩을 빻은 뒤 거기
에 고춧가루와 찹쌀, 새우, 조개 같은 해산물에 다진 생강을 넣어
고추장을 만든다고 기록되어 있다. 우리 조상들은 고추의 매운 맛
에 적응하는데 거의 160년이 걸렸던 셈이다.

그렇다면 고추기름은 언제 처음 나왔는가? 아마 재료를 기름에 볶아서 먹기 좋아하고 맵거나 자극적인 맛을 즐기는 인도나 중국에서 비롯되었을 가능성이 높다. 오늘날 한국이나 일본에 들어온 고추기름은 중국에서 나온 것을 받아들였으리라.

대략 12세기 무렵부터 중국에서는 기름에 볶는 방식의 조리법이 유행하였다. 그 시절 즈음 석탄을 채취하여 난방에 사용하게 되었는데, 석탄의 뜨거운 화력을 이용하여 식재료를 기름에 넣고 볶아 먹는 요리법도 함께 등장했던 것이다. 16세기 무렵에 중국과 교역을 하던 포르투갈 상인들을 통하여 고추가 전파되자, 고추를 볶아서 기름을 추출하여 각종 요리에 집어넣는 요리법도 나왔으리라고 추정된다.

이렇게 해서 등장한 고추기름은 라유辣油라고 불리며 큰 사랑을 받았다. 특히 습하고 무더운 중국 남부 지역에서 라유는 마라탕과 마파두부 같은 각종 요리들에 잔뜩 들어갔다. 고추기름에 포함된 캡사이신 성분이 세균의 번식을 억제하여 음식이 상하는 것을 막는 효과가 있어서 음식이 상하기 쉬운 중국 남부에서 매우 쓸모가 많았던 것이다.

매운 걸 못 견디면 혁명가가 될 수 없다

중국과 고추기름 이야기에서 빠질 수 없는 사람이 있는데, 바로 오늘날 중화인민공화국의 창시자인 마오쩌둥이다. 마오쩌둥의 고향

현대 '붉은' 중국의 창시자 마오쩌둥(오른쪽)과 저우언라이(왼쪽). 마오쩌둥은 만터우에 '매운' 고추기름을 찍어 먹는 걸 즐겼다.

은 중국 남부의 후난성인데, 예로부터 후난성 사람들은 맵고 자극적인 맛의 요리들을 좋아했다. 마오쩌둥도 그런 고향 사람들의 입맛을 물려받았는데, 그는 매일 같이 고추가 들어간 음식을 반드시 차려오게 했으며, 기름에 튀겨 고춧가루로 버무린 돼지고기를 유독 좋아했다. 또한 마오쩌둥은 만터우(속에 아무것도 넣지 않은 중국식 하얀 찐빵)에 고추기름을 찍어서 먹는 걸 매우 즐겼다. "매운 것을 못 먹으면 혁명가가 될 수 없다"라고 자신 있게 공언했을 정도로 마오쩌둥은 평생 매운 음식을 열렬히 사랑했다. 20여 년 동안 마오쩌둥의 주치의를 지낸 리즈수이는 지나치게 자극적인 음식은 몸에 나쁘니 가급적 먹지 말라고 마오쩌둥을 말렸지만, 그런 음식들을 즐겼음에도 그는 83세까지 장수할 수 있었다.

한국 요리인 육개장에는 고추기름이 들어간다. 육개장은 소고기를 잘게 찢어서 대파, 고사리와 함께 고추기름을 넣고 뜨겁게 끓여서 먹는 요리인데 오늘날과 같은 형태의 육개장은 대략 18~19세기에 고추를 이용한 요리가 조선 사회에 보편화된 시기부터 만들어졌을 것이라고 추정된다.

한국의 육개장만큼이나 중국에서 큰 인기를 끌고 있는 요리인 마라탕에도 고추기름이 들어간다. 마라탕은 고추기름과 소스에 원하는 만큼 각종 채소와 고기를 넣고 끓여서 먹는 요리인데, 원래는 중국 서부 쓰촨성 지역의 요리였으나 2010년대 이후로 한국에서도 인기를 끌면서 서울을 비롯한 대도시마다 마라탕 가게들이 들어섰고 손님들이 여전히 많이 찾고 있다. 맵고 자극적인 맛을 좋아하는 한국인의 입맛에 마라탕이 맞았던 듯하다.

13 / 면실유

프라이드치킨을 탄생시키다

오늘날 전 세계에서 비만 인구가 가장 많은 나라는 미국이다. 이는 미국인들이 매일 같이 먹는 음식이 프라이드치킨이나 감자튀김 등 기름에 바싹 튀긴 것들이라 열량이 높아 비만을 촉진하기 때문이다. 이런 요리들은 대체 언제부터 미국에 등장했던 것일까?

미국 튀김 요리와 면실유

음식을 튀기려면 반드시 기름이 있어야 한다. 미국에서 가장 흔하게 구할 수 있는 기름은 목화의 씨에서 추출한 기름인 면실유 Cottonseed oil인데, 미국인들이 사랑하는 요리인 프라이드치킨이나 감자튀김은 모두 이 면실유에 튀긴 것이다. 그러니까 미국 튀김 요리들은 면실유 덕분에 탄생했다고도 할 수 있다.

목화의 원산지는 아프리카다. 그 씨앗이 바람과 파도를 타고 멀리 아메리카 대륙으로 전파되었던 것으로 여겨진다. 16세기 유럽인들이 아메리카 대륙으로 이주했을 때, 이미 멕시코(아즈텍)를 비롯한 아메리카 원주민들은 목화에서 뽑아낸 솜으로 옷감을 만들어 입고 있었다.

18세기부터 미국 남부의 광활한 대농장에서 솜을 생산하려는 목적으로 목화를 대량으로 재배하면서, 농장을 가진 백인 지주들은 부족한 일손을 보충하기 위해 아프리카에서 흑인 노예들을 사들여 부리기 시작했다. 인구 수로 따지면 백인들이 훨씬 많은데 왜 하필 먼 아프리카에서 언어도 문화도 전혀 다른 흑인들을 사들여 왔느냐고 의문을 품을 사람들도 있을 것이다. 이는 당시 목화솜에서 목화씨를 뽑는 일이 굉장히 힘든 이른바 3D 산업이었기 때문이다.

면실유의 원료가 되는 목화씨는 단단한 껍질로 둘러싸여 있다. 목화솜에서 씨를 뽑는 일을 당시에는 사람의 손으로 일일이 했다. 그러다 보니 매우 힘들었고 결국 흑인 노예의 일이 되었다. 그런데 목화씨에서 채취하는 기름인 면실유의 양은 매우 적었다.

1793년 발명가 일라이 휘트니가 목화솜에서 목화씨를 뽑는 기계인 조면기繰綿機, Cotton gin를 만들면서 상황이 바뀌었다. 기계를 이용해서 이전보다 훨씬 쉽고 빠르게 씨를 뽑아낼 수 있게 되면서, 그만큼 면실유를 많이 채취하는 것이 가능해졌다.

면실유의 양이 늘어나자 미국에서는 면실유를 가지고 식용으로 사용하는 문화가 등장했다. 가장 많이 쓰인 곳은 흑인 노예들이 일하던 목화 농장이었다. 이들은 닭고기를 부위별로 잘라서 면실유에 튀겨 프라이드 치킨을 만들었다.

목화 농장주 같은 백인들은 닭고기를 영국식으로 오븐에 넣고 구워먹는 요리를 선호했지, 프라이드 치킨처럼 튀기는 방식을 좋아하지 않았다. 반면 흑인 노예들은 하루 종일 목화 농장에서 땀을 흘리며 힘든 일을 하기 때문에 그만큼 몸에 부족한 열량을 보충하면서도 빨리 요리할 수 있는 튀김을 선호했다.

흑인 노예들과 조면기가 탄생시킨 프라이드치킨

사실 구이 요리는 굽는데 시간이 오래 걸릴뿐더러, 가만히 있으면 음식이 타버리기 때문에 이리저리 손이 많이 간다. 하지만 튀김은 기름 속에 재료를 집어넣고 조금만 기다리면 저절로 음식이 튀겨져서 조리가 끝나기 때문에 구이보다 훨씬 쉽고 빠르게 음식을 만들 수 있다. 부유한 백인들이 느긋하게 앉아서 닭고기 구이를 먹었다면, 오랫동안 일을 하고 나서 배가 고팠던 흑인들은 곧바로 조리가 끝나는 튀김 요리인 프라이드 치킨을 찾았다. 또한 백인들은 닭가슴살을 먹었던 것에 반해, 흑인들은 살이 많고 쫄깃한 닭의 다리 부위를 먹었다. 닭다리는 닭가슴살처럼 구이나 샐러드로 해먹기가 어려웠던 사정도 있다.

이런 역사적인 배경으로 인해 면실유에 튀긴 프라이드 치킨은 흑인들의 문화를 상징하는 이른바 소 울 푸드가 되었고, 남북전쟁이 끝나고 흑인 노예 제도가 폐지되면서 흑인들의 문화가 백인들한테도 널리 알려지고 백 인들도 점차 프라이드 치킨을 먹어보면 서 그 맛에 빠져들게 된다. 그리하여 프

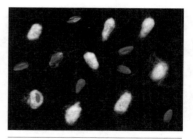

면실유의 원료인 목화씨.

라이드 치킨은 20세기에 미국 문화 그 자체를 상징하는 음식으로 각광받게 되었던 것이다.

면실유는 유럽에서도 중요한 물자였다. 1830년대 산업혁명을 겪 으면서 유럽은 인구가 급속히 늘어났는데, 유럽 자체에서 생산하 는 기름의 양으로는 증가한 인구에 필요한 요리와 조명에 사용할 기름을 충당할 수 없었다. 반면 미국에서는 면실유가 넘쳐나서 온 갖 요리에 쓰이고도 남았기에, 자연히 유럽으로 수출하였다. 면실 유는 양초와 비누, 탈취제, 식용유로 불티나게 팔렸는데 특히 유럽 에서 요리용 기름으로 쓰였던 버터나 라드(돼지기름)보다 더 값이 싸 서 큰 인기를 끌었다.

프라이드 치킨 이외에도 미국인들이 좋아하는 요리로 감자튀김 이 있다. 감자튀김을 만드는 데에도 면실유가 들어간다. 물론 올리 브유나 카놀라유로도 감자를 튀길 수 있지만, 미국 남부의 광활한 농장에서 재배되는 목화씨에서 추출한 면실유의 가격이 워낙 싸고 그 양이 많아서 여전히 미국 식당 대부분은 면실유로 감자를 튀겨 요리로 내놓고 있다.

면실유는 살충제로도 널리 쓰인다. 면실유는 모든 식물성 기름 중에서 살충 효과가 가장 크다. 특히 과일 나무에 들끓는 해충들을 구제하는데 면실유로 만든 살충제의 효과가 매우 뛰어나다.

14 / 고래 기름

《모비딕》이 증언하는 19세기의 석유

19세기까지만 해도 고래 기름은 오늘날의 석유와 그 위상이 같았다고 할 정도로 일상에서 없어서는 안 될 아주 중요한 물건이었다.

화폐로도 쓰인 만능 필수품

고래 기름의 용도는 무척이나 다양했는데, 가장 많이 쓰였던 제품은 바로 양초였다. 양초를 만들 때 고래 기름이 반드시 들어가야 했다. 지금이야 양초가 그저 장식용 또는 아이들의 장난감 정도에 불과하지만, 1880년대에 미국의 발명가 에디슨이 전구를 상업적인 용도로 생산하여 판매하기 전까지는 밤의 어둠을 밝히는 데 양초만 한 도구가 없었다. 양초는 모든 가정에서 필수품이었다.

물론 양초가 아닌 램프의 불빛으로도 밤의 어둠을 밝힐 수 있었

I. 역사를 만든 기름 77

고래 기름을 담은 제품의 사진. 19세기 미국 소설 《모비딕》은 고래 기름을 얻기 위해 태평양으로 나간 포경 선원들의 이야기를 담았다.

다. 하지만 램프에도 기름이 필요했고, 여기에도 고래 기름이 쓰였다. 양초나 램프나 모두 고래 기름에 의존했던 것이다.

고래 기름이 많이 쓰인 또 다른 제품은 비누였다. 석유를 이용한 화학제품인 샴푸나 로션이 나오기 전까지 사람의 몸을 씻을 때 서양에서는 비누만 썼다. 여기에도 고래 기름이 들어갔다. 고래 기름이 없으면 목욕이나 세수도 제대로 할 수가 없었던 것이다. 또한 화장품을 만드는 데에도 고래 기름은 꼭 필요했다.

인쇄용 잉크도 고래 기름으로 만들었다. 책이나 신문 등을 인쇄할 때 쓰이는 잉크에 고래 기름이 들어갔다. 인쇄를 못하고 사람이 손으로 종이에 일일이 글씨를 쓰는 건 상상만 해도 너무 힘들고 불편하며 시간이 오래 걸린다.

여러 가지 산업용 기계에 바르는 윤활유도 고래 기름으로 만들어졌다. 기계를 돌릴 수 없으면 당연하게도 공장 운영이 불가능하니 고래 기름은 19세기 세계 각국의 산업에서 매우 중요한 원자재였다.

이처럼 고래 기름이 여러 분야에서 사용되다 보니, 그만큼 고래 기름의 위상은 매우 높았고 그 가치 또한 귀중하게 여겨졌다. 실제로 19세기 무렵 미국의 학교 교사나 목사들은 고래 기름을 월급으로 받기도 했다. 고래 기름은 거의 화폐처럼 쓰였다.

그런 사정은 동양에서도 마찬가지였는데, 한국에서는 옛날부터 고래 기름을 귀중한 물건으로 취급했다. 고려 왕조의 역사를 기록한《고려사》의 원종 14년(1273) 12월 25일(음력) 기사를 보면, 중국 원나라의 관리인 다루가치들이 고려의 경상도에 가서 신루지蜃樓脂 즉 고래 기름鯨魚油을 구한다는 내용이 실려 있다.

조선 왕조에서도 고래 기름은 가치를 높게 인정받았다. 1747년 9월 12일자《영조실록》을 보면, 교리 벼슬을 지내고 있는 서지수가 영조 임금의 앞에서 자신의 7촌 숙부인 서명연은 원래 뇌물을 받지 않는 깨끗한 관리(청백리)라고 칭송을 받았는데, 바닷가의 수령으로 있었을 때 고래 기름을 팔아서 시집을 가는 딸의 혼수를 장만했다고 고백하는 부분이 나온다. 청백리조차 필요하다면 손을 대고 팔려고 했을 만큼, 고래 기름의 가치가 매우 높았음을 알 수 있다.

이렇게 고래 기름이 귀중하다 보니, 미국과 캐나다를 비롯한 북미 대륙의 해안가에는 고래를 잡아서 기름을 짜내는 포경 산업이 매우 성행했다. 1775년 북미 대륙에서 1년 동안 생산한 고래 기름의 양은 향고래 기름 4만 5000배럴, 수염고래 기름 8500배럴이었다. 미국 북동부 매사추세츠주의 남쪽에 위치한 항구 도시인 뉴베드퍼드New Bedford는 1850년에 들어서 미국 전체 포경선의 80퍼센트가 들어올 만큼 해당 산업의 중심지였는데, 1851년에만 방문한 포경선이 249척이나 되었고, 포경선들이 실어오는 고래 기름의 판매 수익으로 영국 런던이나 프랑스 파리보다 도시 주민들의 1인당 수입이 훨씬 많아서 세계에서 가장 소득이 높은 도시로 꼽혔다. 1851년 미국의 작가 허먼 멜빌이 발표한 소설《모비딕》은 바로 고래 기름을 얻기 위해 전 세계의 바다를 누비고 다녔던 미국 포경선 선원들의 현실을 생생하게 담은 것이었다.

석유 채굴과 포경 산업의 몰락

그러나 포경 산업은 1858년부터 미국에서 석유가 채굴되기 시작하면서 점차 내리막길을 걷게 되었다. 석유 채굴은 모든 면에서 포경보다 안전하면서 효율적이었다.

우선 고래 기름을 얻으려면 일부러 배를 타고 험한 파도와 태풍이 휘몰아치는 바다로 나가야 했고, 고래를 찾아 몇 달, 길게는 몇 년 동안 바다를 누비며 고생했다. 고래가 순순히 잡혀주는 것이 아니라 포경선원들이 던지는 작살이 몸에 꽂히면 거칠게 반항을 하는 바람에 자칫하면 포경선이 뒤집혀 선원들이 바다에 빠져 죽을 위험도 있었다. 반면 석유 채굴은 포경 산업처럼 목숨을 잃을 위험이 전혀 없으면서도 훨씬 많은 양의 기름을 얻을 수 있었으니, 말 그대로 포경 산업보다 저비용 고효율이었다.

19세기 말이 되자 미국의 대자본가들은 포경업을 외면하고 석유 채굴에 손을 대기에 이르렀다. 세계 각국의 포경 산업은 점차 사양길에 접어들었다. 석유 산업의 활성화에 비례하여 고래 기름은 잊혀져갔다. 양초와 램프, 비누와 화장품 및 윤활유 같이 고래 기름을 이용하여 만들어온 제품들도 석유를 이용해서 얼마든지 만드는 게 가능해지면서 고래 기름은 쓸모없는 것이 되고 말았다.

15 / 석유(1)

1차 세계대전의 촉발제

1914년부터 1918년까지 계속된 1차 세계대전의 결정적인 원인은 당시 세계의 패권을 쥐고 있던 영국이 경쟁 국가 독일이 이라크의 석유를 손에 넣어 안정적인 에너지 공급원을 갖는 걸 방해하려는 것에 있었다. 즉, 석유가 1차 세계대전을 불러일으키는 촉발제 역할을 했다고 해도 과언이 아니다.

석탄보다 더 효율적인 연료

19세기 중엽까지만 해도 전 세계의 모든 나라들은 산업 전반에 필요한 연료로 석탄을 사용했다. 하지만 1885년 독일인 기술자 고틀리에프 다임러가 석유를 연료로 사용하는 자동차를 발명하면서, 석유는 석탄을 대체할 훌륭한 연료로 주목을 받기 시작했다.

석탄을 연료로 사용하는 배는 4~9시간이 지나야 엔진이 가동을 하지만, 석유를 연료로 사용하는 배는 30분만 지나면 엔진을 가동할 수 있었다. 또한 배 한 척이 움직이기 위해 석탄을 500명의 노동자들이 5일 동안 가득 채워야 하는데 반해, 석유는 12명의 노동자들이 12시간만 일을 하면 채울 수 있었다. 석유는 석탄보다 훨씬 효율적인 연료였다.

1904년 영국 해군 최고사령관에 오른 피셔 경은 이러한 석유의 효율성을 눈여겨보았다. 그는 영국 해군 함대가 석탄 대신 석유를 연료로 써야 한다는 주장을 평소부터 해왔는데, 석탄을 연료로 사용하는 배는 석탄을 불태울 때 나는 연기가 10킬로미터 밖에서 보였지만 석유로 엔진을 돌리는 배는 연기가 나지 않아 적에게 들키지 않는다는 이유에서였다.

피셔 경의 주장에 따라 영국은 자국에 안정적으로 석유를 공급할 지역을 찾다가 마침내 현재 이라크, 쿠웨이트, 사우디, 이란이 위치한 서아시아 지역을 골랐다. 서아시아 지역에는 세계에서 가장 품질이 좋은 석유가 어마어마하게 매장되어 있었고, 서아시아 지역의 대부분을 허약한 오스만 제국과 이란 왕조가 지배하고 있던 터라 강력한 군사력을 가진 영국이 손쉽게 정복하여 막대한 양의 석유를 빼앗아 올 수 있었다.

그리하여 1908년 5월 26일 영국의 석유 회사인 브리티시페트롤리엄BP이 이란에서 석유를 채굴하는 작업에 들어갔다. 영국이 이란과 맺은 석유 채굴 계약은 매우 불평등했는데, 60년 동안 BP가

이란의 모든 영토에서 자유롭게 석유를 찾아내어 차지할 수 있고, 발견한 석유는 모두 BP의 소유물이 되며, 이란 정부는 BP가 차지한 석유에 대해서 어떠한 소유권도 주장할 수 없다는 내용이었다.

영국이 이렇게 이란에서 막대한 양의 석유를 가져가는 조약을 맺자, 영국의 경쟁국이자 잠재적 적국이었던 독일도 이란에 인접한 서아시아 지역에서 석유를 확보하기 위해 안간힘을 썼다. 독일이 접근한 곳이 바로 지금의 튀르키예인 오스만 제국이 지배하던 이라크 지역이었다. 오스만 제국은 노후화된 국가 산업 인프라를 혁신하기 위해 독일의 자본과 기술이 필요했고, 영국이 석유 때문에 자국의 영토까지 노린다는 사실을 알고 있었기 때문에 독일과 손을 잡았다.

영국은 자국이 점찍어둔 석유 산지에 눈독을 들이는 독일을 무슨 수를 써서라도 좌절시켜야겠다고 결론을 내렸다. 당시 독일은 해외 식민지가 영국에 비해 매우 적었지만 경제 분야에서 영국을 거의 따라잡은 산업 강국이었다. 영국은 두려움에 떨었다.

영국과 독일의 석유 확보 대결에서 세계대전으로

1차 세계대전이 벌어지기 전, 영국 정부는 막대한 재정 적자에 짓눌려 파산하기 직전이었다. 당시 영국은 군수, 금융, 석유 등 몇몇 산업들을 제외하면 제조업이 쇠퇴하면서 산업 전반이 침체되어 있었다. 말로는 해가 지지 않는 대영제국이라고 했지만, 그 실상은

막대한 빚에 짓눌리고 제조업이
붕괴되어 가던 병든 나라였던 것
이다.

영국 경제는 쇠퇴하던 반면, 독
일 경제는 나날이 승승장구하니
영국인들이 독일을 두려워하는
것도 당연했다(이런 상황은 21세기에

1차 세계대전 전투 기록 사진. 전쟁은 세계 패권을 둔 열
강의 다툼 속에서 석유가 촉발제가 되어 일어났다.

와서 미국과 중국의 관계에서 똑같이 반복되고 있다.). 이대로 독일 경제의 성
장을 방관했다가는 영국이 독일에 뒤처지고 몰락하리라는 우려가
영국 정계를 지배했다.

영국은 독일을 패배시키기 위해서 프랑스와 러시아를 끌어들여
동맹을 맺고 독일을 압박했다. 이에 독일은 제국주의 열강의 후발
주자였던 오스트리아와 오스만 제국과 손을 잡고 영국과 그 동맹
국들에 맞섰는데, 그러한 두 세력 간의 갈등이 마침내 무력 충돌로
폭발한 사건이 바로 1914년 벌어진 1차 세계대전이었다.

1차 세계대전은 영국이 승리하고 독일이 패배하는 것으로 끝났
다. 승패를 결정지은 가장 중요한 원인은 독일이 영국의 봉쇄망을
뚫지 못했기 때문이었다. 서쪽의 프랑스와 동쪽의 러시아가 독일
의 육상 물류 수송로를 막아 버렸고, 북쪽과 남쪽의 바다는 영국
해군이 막는 바람에 독일은 전쟁에 필요한 석유 같은 물자들이 부
족해졌다. 결국에는 더 이상 전쟁을 계속하지 못하고 영국에 무릎
을 꿇을 수밖에 없었다.

나치의 낭비덩어리 실패작, 마우스 전차

2차 세계대전(1939~1945) 무렵, 세계 정복을 꿈꾸던 나치 독일에서는 지금까지 등장했던 전차(탱크)들보다 훨씬 크고 강력하면서 튼튼한 방어력을 지닌 새로운 전차를 발명했다. 커다란 덩치에 걸맞지 않게 마우스라는 이름을 가진 이 전차는 같은 시대에 나왔던 그어떤 전차보다 화력과 방어력이 뛰어났으나 그런 장점들을 무색케하는 치명적인 단점들 때문에 막상 실전에서는 제대로 사용되지못하고 조용히 사라지고 말았다.

히틀러의 망상

나치 독일의 지도자인 히틀러는 일찍부터 온갖 망상을 품고 산 인물이었다. 그는 세계의 모든 문명을 아리안족(인도-유럽어족)이 만들었다고 믿었으며, 아리안족의 후손이라고 할 수 있는 독일인은 전 세계에서 가장 위대한 민족이고, 그런 독일인의 나라인 나치 독일(독일 제3제국)도 세계에서 가장 위대한 나라가 되어야 한다고 여겼다.

그런 이유로 히틀러는 독일군이 사용하는 무기들의 성능에 집착했는데, 특히 1941년부터 시작된 소련과의 전쟁에서 독일군이 주력으로 내세운 전차인 티거가 소련군의 주력 전차인 T-34보다 성능이 앞서 잇따라 승리를 거두자, 여기에 고무되어 "티거보다 더 크고 더욱 화력이 강력하고 방어력도 뛰어난 전차를 새로 만들어라!"라는 지시를 내렸다.

그리하여 포르쉐Porsche는 독일군과 계약을 맺고 1942년 3월부터 기본 무게 100톤 이상의 전차 설계에 들어갔다. 1943년부터 본격적으로 작업이 시작되었는데, 최초의 이름은 마무트(매머드)였으나 어찌된 일인지 1943년 2월에는 정반대의 이미지를 가진 마우스(쥐)로 바뀌었다.

왜 이렇게 되었는지에 대해서는 아직 정확한 이유를 알 수 없으나, 대략 추측해보자면 새로운 전차의 이름으로 인해 연합국 측에서 정체를 눈치 채고 경계할 것을 우려하여 그들을 속이기 위해서 일부러 마우스라고 고친 게 아닐까 싶다.

마침내 1944년 후반 무렵, 히틀러가 그토록 고대했던 새로운 독일 제8호 전차 마우스Panzerkampfwagen VIII Maus가 완성되었다. 마우스는 길이가 10.2미터, 너비는 3.7미터, 높이는 3.6미터였고 무게는 무려 188톤이나 되는 그야말로 어마어마한 덩치를 가진 슈퍼 전차였다. 마우스는 초중전차로 분류되는데, 이는 크고 무거운 전차 중에서도 가장 으뜸이라는 것이다.

또한 마우스에는 뛰어난 강철과 대포를 만들기로 유명한 독일 기업 크루프Krupp에서 만든 128밀리미터 구경의 주포가 달렸다. 이 128밀리미터 주포는 당시 미군과 영국군과 소련군 등의 모든 연합군 전차를 파괴할 수 있을 만큼 강력했으며, 최대 사정거리는 무려 3.5킬로미터에 달할 정도로 멀리 포탄을 발사할 수 있었다. 보조 무기로 마우스의 포탑 지붕에는 7.92밀리미터 구경의 MG 34 기관총과 여기에 장전될 1000발의 총탄이 들어갔다.

마우스의 장점은 이게 다가 아니었다. 화력뿐 아니라 방어력에서도 연합국의 전차들을 능가하기를 원했던 히틀러의 욕망이 반영되어 마우스의 차체 전면에 달린 보호 장갑의 두께가 220밀리미터였고, 측면과 후방에도 장갑이 달렸는데 두께가 190밀리미터나 되었다. 포탑, 주포에도 장갑을 결합해 방어력이 우수했다. 마우스는 당시 연합국의 어떤 전차로도 파괴하는 것이 불가능했다.

치명적 단점들로 인해 실전에서 써보지 못하다

이렇게 성능으로만 따지면 가히 세계 최고라고 할 만했지만, 마우스는 막상 실전에는 투입되지 못하고 도중에 묻혀 버렸다. 마우스가 지나치게 비효율적인 무기였기 때문이었다.

마우스의 무게는 188톤이나 되었는데, 너무나 무거운 중량이어서 한 번 마우스가 다리를 통과하려고 하면 당시의 어떤 다리든 견디지 못하고 모조리 무너져 버렸다. 또한 전차전의 주무대였던 러시아의 평원은 봄이 되면 겨울 내내 쌓인 눈이 녹아서 진흙탕이 되는데, 마우스는 한 번 진흙탕에 들어가면 도저히 빼낼 수 없었다.

이렇게 되자 독일군에서는 마우스만을 운반하기 위한 특수 수송 열차를 만들려고도 했으나 "고작 전차 하나를 위해서 철도와 열차까지 만들 정도라면, 차라리 지금 독일군이 사용하고 있는 구스타프 같은 포들을 더 많이 만들어 실어나르는 것이 더 효율적"이라는 반박에 부딪혔다. 구스타프 같은 대포들은 소련군의 콘크리트 요새를 파괴하는데 사용되었는데, 크기와 무게 때문에 열차에 실려 운반되었다.

가장 결정적인 마우스의 단점은 지나치게 느린 속도였다. 원래 마우스는 설계 단계에서 최대 속도가 시속 20킬로미터까지 나오도록 계획했으나, 실제로 만들고 보니 최대 속도가 고작 시속 13킬로미터에 불과했다. 188톤이라는 무게에다가 엔진의 효율성이 너무 낮아서 석유를 잔뜩 주입하고도 시속 13킬로미터라는 속도 밖에 낼 수 없었던 것이다.

바로 이 부분이 결정타였다. 1944년 무렵 나치 독일은 석유가 매우 모자라던 상황이었고, 따라서 석유를 사용하는 각종 무기와 장비들의 효율성이 무척이나 중요했다. 그런데 석유를 잔뜩 소모하

러시아 쿠반카 전차 박물관에 보관된 마우스 전차. 히틀러의 야심작이었지만 너무나 많은 석유를 낭비하는 비효율적인 연비 때문에 실전에는 투입되지 못했다.

고도 고작 시속 13킬로미터라는 속도밖에 내지 못하고 다리나 진흙탕을 통과할 수 없는 마우스는 그저 애물단지에 불과했다.

이러한 비효율성으로 인해 당초 개발을 명령했던 히틀러조차 마우스의 실전 투입을 결국 포기하였다. 그리고 1년 후인 1945년, 나치 독일의 수도인 베를린이 소련군에게 함락당하면서 히틀러는 자살하고 나치 독일은 패망했다. 물론 마우스 역시 역사의 뒤안길로 완전히 사라졌다.

17 / 피마자기름

무솔리니 추종자들의 고문 도구

아주까리씨를 짜서 나오는 피마자기름은 변비 증세를 해결할 수 있고, 여드름과 무좀과 사마귀를 치료하는 데 뛰어난 효과를 지녔다. 그런데 이런 아주까리 기름의 효과를 거꾸로 이용하여 폭력을 휘두른 집단도 있었으니, 바로 이탈리아의 독재자 무솔리니를 추종하는 파시스트들의 모임, 검은 셔츠단이었다.

검은 셔츠단의 테러

피마자蓖麻子는 아주까리라고도 불리는 식물이다. 원산지가 인도인 피마자는 이미 오래전 유럽과 아프리카, 중국으로 전파되었고 세계 각지에서 재배되며 많은 사람들이 유용하게 사용했다.

　서기 40년에 태어나 90년에 죽은 고대 그리스의 의학자인 페

피마자기름의 원료인 아주까리씨. 2차 대전 무렵, 피마자기름은 이탈리아 파시스트들의 고문 도구로 쓰였다.

다니우스 디오스코리데스Pedanius Dioscorides는 자신이 지은 책인《약물지》에서 "아주까리의 씨앗에서 뽑아낸 기름은 사람의 피부에 생기는 병들을 낫게 해준다. 하지만 아주까리 기름은 그 약효가 매우 강렬하여 많이 먹으면 배가 아프고 설사를 하기 때문에 아주 적은 양만 먹어야 안전하다"라고 기록했다.

1433년 만들어진 의학서인《향약집성방鄕藥集成方》에 아주까리의 약효가 언급된 것으로 보아서 대략 조선 초기 시절부터 아주까리가 재배되어 약으로 사용됐다고 전문가들은 추정한다.

피마자기름은 의약제 및 여러 용도로 사용되었다. 피마자기름에는 살균 성분이 포함되어 있다. 사람의 피부에 생기는 여드름과 염증과 사마귀와 무좀 같은 각종 질병을 치료할 때 발라서 효과를 볼 수 있다.

변비가 심한 사람들한테는 피마자기름을 먹는 치료법이 오래전부터 쓰이고 있다. 다만 설사 증세가 올 수 있다는 점에 주의해야 한다. 얼핏 보기에는 하찮은 일로 여겨질 수도 있으나, 설사는 심할 경우 탈수로 인해 사람의 생명을 위협할 수도 있는 무서운 증상이다. 피마자기름을 먹어서 변비를 고치려는 사람들은 한 숟갈 정도의 적은 양만 먹어야 한다. 만약 그 이상을 먹으면 오히려 더 몸에 나쁜 영향을 끼칠 수 있기 때문이다.

이러한 피마자기름의 효능을 나쁜 방면으로 이용하여 횡포를 저지른 집단도 있었다. 바로 2차 세계대전 당시 이탈리아의 독재자였던 베니토 무솔리니를 추종했던 파시스트 단체 검은 셔츠단이다.

검은 셔츠단은 피마자기름을 가지고 돌아다니면서 자신들한테 반대하는 사람들을 발견하면 곧바로 달려가 붙잡은 뒤 코를 손가락으로 막아 입을 벌리고 강제로 먹였다. 물론 고문을 하기 위해 먹이는 것인 만큼 그 양이 굉장히 많았다. 검은 셔츠단에 의해 강제로 피마자기름을 먹은 사람들은 복통에 시달려 고통을 받다가 얼마 못 가 설사를 했다.

이렇게 피마자기름을 강제로 먹고 설사를 한 사람은 정신적으로 큰 충격을 받았다. 이탈리아는 남자의 체면을 중시하는 사회인데 대낮에 남들이 보는 앞에서 설사를 하는 건 굉장한 수치이자 망신거리였기 때문이다. 그래서 무솔리니 집권 시절의 이탈리아에서는 피마자기름 먹이기가 파시스트들의 테러 수단으로 쓰였다.

이런 고문의 내용이 너무 지저분하다고 여겼던지, 청소년용 세계사 도서들에서는 무솔리니 추종 파시스트들이 반대파들한테 끔찍한 고문을 했다며 두루뭉술하게 넘어간다. 사실 청소년들이 보는 책에다가 피마자기름을 억지로 먹여서 설사를 하게 만들었다고 적기에는 좀 꺼림칙했을 수 있다.

왜 피마자기름을 쓴 걸까

그런데 무솔리니의 추종자들이 반대파들한테 가했던 고문이 고작 피마자기름을 먹여 설사를 하게 하는 정도에서 그쳤다는 것에 의아함을 느낄 사람들도 있을 것이다. 무솔리니라면 히틀러와 같은 시대를 살았던 잔인하고 악랄한 독재자인데, 히틀러처럼 군대를 보내 반대파들을 대량학살하거나 강제 수용소에 가두고 독가스로 죽이는 게 아니었다니 말이다. 거기에는 두 가지 이유가 있다.

첫 번째로 무솔리니가 집권하던 무렵의 이탈리아는 나치 독일과는 달리 입헌군주제 국가여서 엄연히 국왕인 비토리오 에마누엘레 3세가 있었다는 점을 들 수 있다. 그런 이유로 무솔리니는 에마누엘레 3세의 신하였으며, 무슨 일을 하려면 반드시 국왕의 허락이나 승인을 받아야 하는 입장이었다. 두 번째로 무솔리니는 국가 전체를 완전히 장악하지 못했기에, 그에게 반대하는 사회주의자들을 히틀러처럼 대놓고 폭력으로 말살하거나 탄압하기가 어려웠다. 그래서 무솔리니는 이탈리아 사회주의 거물인 안토니오 그람시도 교도소에 가둬놓기만 했을 뿐 죽이지는 못했다. 무솔리니가 사실상 권력을 잃었던 1944년 무렵, 이탈리아에서는 무솔리니와 그의 파시스트 정권에 반대하는 사회주의자들 수십 만 명이 대대적인 반파시스트 봉기를 일으켜 무기를 들고 무솔리니 정권에 맞서 싸웠다.

하지만 히틀러에 비해 온건하다고는 해도 무솔리니의 파시스트

추종자들이 반대파들한테 아주까리 기름을 강제로 먹였던 고문은 엄연히 잔인한 폭력이었다. 그래서 이때 무솔리니의 추종자들로 인해 피마자기름을 강제로 먹고 백주대낮에 설사를 하여 사람들이 다 보는 앞에서 망신을 당한 사람들 중의 일부는 1945년 무솔리니가 죽고 그의 파시스트 정권이 무너지자, 파시스트들을 찾아가서 자신이 당한 것처럼 강제로 피마자기름을 먹여 설사를 하도록 복수했다고 전해진다.

소나무를 자르면 송진이라 불리는 진액이 흘러나온다. 송진을 가공한 기름이 송근유松根油다. 2차 대전 말기, 석유를 구하기 어려워진 일본은 궁여지책으로 석유 대신 송근유를 사용했다. 일제 강점기 말엽, 조선인 학생들은 송근유를 얻기 위해 소나무를 베는 일에 강제로 동원되어 공부도 제대로 못할 지경이었다. 이로 인해 해방 직후 조선의 산들은 나무들이 몽땅 베어진 벌거숭이 상태였다.

석유를 구하지 못한 일제 군부

1941년 12월 7일, 일본 해군이 미군 해군 기지인 하와이 진주만을 공습하면서 태평양전쟁이 발발했다. 이 소식을 들은 일본 국민들은 앞다투어 일본 해군에 입대하는 등 전쟁에 열광하였다. 일본의 국수주의 지식인들은 "이제 일본이 미국을 굴복시키고 세계를 지배할 날이 온다!"라고 선동을 하였고, 어리석은 일본인들은 그런 허황된 망상을 그대로 믿고서 "신의 나라인 일본이 귀신이나 짐승 같은 미국 따위를 이기지 못할 리가 없다!"라고 외치며 미쳐 날뛰었다.

그러나 태평양전쟁은 처음부터 일본한테 불리했다. 왜냐하면 태평양전쟁 직전까지 일본은 국가 전체 사용 석유의 80~90퍼센트를 미국에서

송근유의 원료인 소나무. 일제는 전쟁 막바지에 기름이 부족하자 소나무의 뿌리를 마구 뽑아 기름을 추출했다.

수입하고 있었는데, 전쟁을 시작하는 바람에 미국이 일본에 대한 석유 수출을 전면 중단했기 때문이었다. 석유가 없다면 일본이 자랑하는 전함이나 전투기 같은 무기들을 전혀 사용할 수가 없었다.

물론 태평양전쟁을 일으킨 일본 군부도 이러한 사정을 모르지는 않았다. 그래서 진주만 공습을 끝내자마자 일본 군부는 곧바로 석유가 풍부하게 매장된 동남아 지역을 공격하였다.

당시 동남아의 베트남, 미얀마, 말레이시아, 인도네시아 등은 유럽 열강인 프랑스와 영국과 네덜란드가 지배하고 있었는데, 이 나라들은 유럽 본토에서 벌어진 나치 독일과의 전쟁 때문에 동남아를 지키는데 제대로 신경을 쓸 수가 없었다. 또한 동남아의 미국

식민지였던 필리핀은 진주만 공습에서 미국 해군의 함대가 대부분 격침되었기에, 일본으로부터 공격을 당해도 미국이 지원 병력을 보내기가 불가능했다.

이러한 사정들 때문에 동남아의 유럽과 미국의 식민지들은 순식간에 일본군의 공격에 굴복하였고, 일본은 동남아의 점령지들에서 석유를 채굴하여 본토로 보냄으로써 미국의 석유 수출 금지 조치를 극복하는 것처럼 보였다.

그러나 1943년부터 미국이 일본보다 15배나 우세한 풍부한 공업 생산량을 앞세워 진주만 공습에서 손실을 입은 해군 전력을 복구하면서 태평양전쟁의 전황이 미국으로 기운다. 아울러 미국 해군의 잠수함과 전함과 항공모함 들이 동남아에서 일본으로 가는 해상 보급 선단을 모조리 격침시키면서 일본이 애써 동남아에서 채굴한 석유가 일본 본토로 가지 못하게 된다. 일본은 석유 부족 사태에 시달렸다.

일본 군부는 모자란 석유를 어떻게 해서든 보충하려고 고심한 끝에, 일본 본토와 조선에서 석유를 대신할 기름을 자체 생산하려고 했는데 그것이 바로 송근유였다. 송근유는 소나무의 껍질을 벗겨내고 거기서 떨어지는 송진을 모아서 화학적인 가공 작업을 거쳐 추출해내거나 커다란 솥 같은 틀에 소나무의 뿌리를 집어넣고 뜨겁게 가열하여 추출해낸다.

원래 송근유는 페인트나 비누 등에 들어가는 기름이었지만 일본 군부는 군사용으로 사용하려 들었다. 일본의 지배를 받았던 식민지 조선에서는 조선총독부가 미리 할당량을 정해두고, 각 학교의 학생들을 강제로 동원해서 송진을 채취하도록 시켰다.

일제 강점기 시절을 살았던 김용직 서울대 명예교수의 회고에 의하면 매주 하루를 근로봉사일로 정해서 낫이나 손도끼를 들고서 마치 군대처럼 나팔소리에 맞춰서 소나무가 있는 산으로 학생들이 몰려갔다고 한다. 또한 전 문화부 장관 이어령의 증언에 의하면 조선총독부는 조선인 학생들한테 "200그루 소나무면 비행기가 한 시간을 난다"라는 구호를 외치게 하면서 수업도 멈추고 송진을 구하러 산으로 올라가게 했는데, 무거운 소나무 뿌리를 캐러 산을 타는 건 아무런 이익도 없고 힘들기만 했다고 회고했다.

기계에는 쓸 수 없는 기름

그런데 황당한 사실은 그렇게 사람들을 강제로 동원해서 수탈하고 착취해낸 송근유를 일제가 제대로 써먹지 못했다는 점이다. 원래 일본 군부는 송근유 20만 킬로리터를 생산할 계획이었으나, 실제로 생산된 송근유는 1945년 5월 14일 일본 도쿠야마에서 만든 500킬로리터가 고작이었다.

미군 계산으로는 송근유 1.5리터를 위해서 하루에 125만 명이 1명당 2000킬로리터의 송진을 얻어내야 하는데, 그러려면 1만 톤의 소나무 뿌리가 있어야 한다. 당시 일본 본토 전체의 소나무 뿌리를 다 합해봐야 770만 톤이었으니 그대로 진행되었다면 일본 전체 소나무가 다 뽑혀서 씨가 말랐을 것이다.

그토록 힘들게 만들어낸 송근유는 1945년 8월 15일 일본이 항복하면서 사용도 못하고 버려졌다. 더욱 황당한 점은 태평양전쟁에서 승리하고 일본에 주둔한 미군이 송근유 일부를 지프차에 넣고 운전을 해보았는데, 며칠 후에 차의 엔진이 고장났다는 것이다. 일본 군부가 일본과 조선의 소나무들을 모두 뽑아내서 송근유를 만들었다면 얼마 못 가 기계들이 죄다 고장이 나버릴 것이었으니, 결국 일제의 패망은 피할 수가 없는 필연이었다.

오늘날까지 한국과 일본에는 껍질이 벗겨진 채로 흉측한 몰골로 남아 있는 소나무들이 많은데, 일제 시대의 아픔을 증언하는 흔적이다.

19 / 정어리기름

사라진 '일망치'

바다에서 흔히 잡을 수 있는 생선인 정어리는 기름을 짜내어 공업용으로 사용할 수 있다. 일본에서는 근대화 이후 정어리 기름을 군사용 및 공업용으로 자주 사용했다. 특히 1923년부터 동해에서 수많은 정어리 떼가 잡히자 이들에게서 짜낸 기름을 가공하는 공장들이 동해안에 줄지어 들어섰다. 하지만 1940년대로 접어들면서 정어리 떼는 점차 동해에서 사라졌고, 정어리에서 짜낸 기름을 가공하던 공장들은 몽땅 망해버렸다.

일본을 망하게 하다

지금 사람들한테 정어리는 그다지 익숙한 느낌을 주지 못할 것이다. 한국인의 식탁에서 정어리는 사라진 지 오래이니 당연한 일이

정어리 떼. 과거 1930년대 한국의 동해에서는 정어리 떼가 섬으로 보일 만큼 많았다고 전해진다.

다. 그러나 1930년대까지만 해도 정어리는 한반도의 바다에서 흔하게 잡히던 생선이었다.

특히 1923년부터 갑자기 한반도의 동해에 나타난 정어리 떼는 그 수가 얼마나 많았는지, 당시의 상황을 회고하는 증언에 의하면 동해 바다에는 '바닷물이 절반이고 정어리 떼가 절반'이었으며, 정어리 떼가 너무나 많아서 마치 섬처럼 보였고 배가 부딪쳐 침몰할 정도였다고 한다.

이렇게 풍족한 정어리 떼에 조선을 지배하고 있던 일제가 눈독을 들였다. 원래 일본인들은 서기 8세기부터 불교의 가르침에 따라 소와 돼지와 닭 같은 가축들의 고기를 먹지 않는 육식 금지령을 지켜왔고(일본인은 메이지 유신 이후부터 육식을 하게 된다), 부족한 단백질을 바다에서 잡히는 해산물로 보충하며 살아왔다. 고기를 대신하여 일본인들의 식탁에 올라온 단백질을 포함한 음식이 바로 정어리였다. 일본인들이 정어리를 어찌나 좋아했던지, 일본에서 인기를 끌었던 소설이나 TV 드라마들(예를 들어 〈필살 시리즈必殺シリ_ズ〉)을 보면 식탁에 정어리 요리가 올라오는 장면을 자주 볼 수 있다.

하지만 오랫동안 정어리를 잡다 보니 1900년대 초반이 되면 일본의 바다에서 정어리를 거의 찾아볼 수 없을 만큼 그 수가 크게 줄어든다. 정어리를 좋아하던 일본인들로서는 여러 모로 난감한 사실이 아닐 수 없었다.

그러던 와중인 1923년에 일본이 지배하던 식민지 조선의 동해에 엄청난 수의 정어리 떼가 나타났다는 소식은 일본인들의 마음을 들뜨게 했다. 일본인 어부들은 앞을 다투어 조선의 동해로 배를 몰고 가서 정어리 떼를 마구잡이로 잡아들였다. 하루에 일본 어선한 척이 700~2000마리의 정어리를 잡았다고 한다.

일본인 어부들이 정어리를 그토록 많이 잡았던 것은 단순히 식재료로만 쓰기 위한 게 아니었다. 정어리는 기름이 많은 물고기였고 정어리에서 짜내고 정제한 기름은 화약, 글리세린, 비료, 화장품, 마가린, 비누, 양초 같은 여러 가지 쓸모가 있는 물건들을 만드는 데에 들어갔다. 그래서 일본에서는 정어리기름을 온유鰮油라고 부르며 공업용 기름으로 사용하고 있었다.

정어리기름을 일본군이 주목했다. 왜냐하면 당시 일본이 사용하는 석유의 80퍼센트를 미국에서 수입하고 있었는데, 1937년에 일본이 중국으로 쳐들어가 중일전쟁을 일으키자 미국이 일본에 수출하는 석유를 규제하려고 했다. 일본 군부는 전쟁을 더 계속하기위해서는 미국에 석유를 의존하지 말아야 한다고 생각했다. 그러던 와중에 조선의 동해에서 잡히는 정어리의 기름을 정제하면 일본군이 사용하는 석유를 대체할 수 있다는 사실에 일본 군부는 주목하였다. 1935년 조선에서 생산된 정어리기름의 양은 10만 톤에 달했는데, 이 정도면 미국산 수입 석유에 의존하지 않아도 된다는게 일본 군부의 전망이었다. 미국과의 태평양전쟁을 앞둔 시기인

1940년에는 일본군이 사용하는 전체 기름의 약 절반을 정어리기름으로 채울 계획을 세웠다.

정어리기름은 특히 화약 제조에 들어가는 물질이었다. 그래서 조선의 강원도와 경상도 등 동해와 맞닿은 해안 지역에는 정제된 정어리기름으로 일본군이 사용할 폭탄을 만드는 공장들이 잇달아 들어섰다.

사라진 정어리 떼

그런데 '재미나는 골에 범 난다'라는 우리 속담처럼 귀신이 곡할 노릇이 벌어졌다. 1939년까지 동해 정어리 1년 어획량은 120만 톤에 달했으나, 1940년이 되자 갑자기 90만 톤으로 줄어들었다. 그리고 1년 후인 1941년에는 63만 톤으로, 그 다음 해인 1942년에는 2500톤으로 급격히 감소해 버렸다. 심지어 1943년이 되자 동해에서 정어리 떼가 아예 감쪽같이 자취를 감추고 말았다.

도대체 이게 어떻게 된 일이었을까? 이 현상에 대해 조선총독부에서는 "바다 속에 흐르는 해류가 변해서 정어리 떼가 더 이상 동해에 오지 않게 되었다"라고 주장했다. 하지만 과연 그것이 진실의 전부였을까? 일본인 어부들의 지나친 남획으로 인해 정어리 떼의 씨가 말라 자연스레 더 이상 잡히지 않게 되었다고 해석해야 적합하지 않을까?

실제로 일제 강점기 동안 일본인 어부들은 동해의 어족 자원을 마구잡이로 잡아들여 씨를 말리는 행태를 여러 번 벌였다. 그 결과 원래 '고래들의 바다'라고 불릴 만큼 동해에 가득했던 귀신 고래들이나 독도에 분포하던 강치들도 멸종당하고 말았다. 정어리 역시 일본 어부들의 남획으로 인해 사라졌다고 보아도 무리는 아니다.

1943년부터 조선총독부는 조선의 바다에서 활동해오던 어부들한테 정어리 잡이를 중단하라고 지시를 내렸다. 비축한 석유의 양이 부족한 판국에 잡히지도 않는 정어리를 찾겠다고 어선들이 귀중한 석유를 연료로 소모하지 말라는 것이었다.

1941년 12월 7일 미국 하와이의 진주만을 일본 해군이 기습하면서 미국은 일본으로 수출하는 모든 석유를 끊었는데, 당시 일본에 남아있는 석유의 양은 3년 6개월치가 전부였다. 여기에 정어리마저 더 이상 잡히지 않으니 1945년부터 일본은 강력한 위력을 자랑하던 전함들을 바다에 띄우길 꺼려할 만큼 기름 부족에 시달리다가 결국 그해 8월 15일 항복하였다. 조선에서는 정어리를 가리켜 일본을 망하게 한 물고기라고 하여 '일망치'라고 불렀다고 전해진다.

아보카도 기름

녹색 황금의 빛과 그림자

1980년대 이후 전 세계적으로 슈퍼 푸드라고 불리면서 인기를 얻은 과일이 아보카도다. 아보카도는 비타민과 식이섬유와 미네랄 같은 영양소가 많이 들어 있어서, 사람의 몸에 쌓인 콜레스테롤을 제거하고 피부 미용에 좋으며 변비를 낫게 하는데 뛰어난 효능이 있다.

도대체 이걸 왜 먹지?

아보카도는 사람의 몸에 좋은 효능이 많다. 아보카도의 열매에서 짜내는 기름은 아주 유용하다. 아보카도 기름은 불포화지방산과 아미노산 같은 영양분이 많아 혈관 속의 불순물을 몸 밖으로 배출하는 효과가 크고, 그 때문에 당뇨병이나 고혈압으로 고통받는 환자들한테 좋다. 아보카도 기름은 샐러드나 튀김 요리에 들어가도 영양이 파괴되지 않는다.

아보카도는 직접 먹어 보면 그다지 맛있다고 하기 어렵다. 한국인들이 좋아하는 과일에서 나오

아보카도 기름의 원료인 아보카도 열매. 그러나 아보카도를 재배하는 데 물이 워낙 많이 사용되며 범죄 조직들이 판매에 끼어들어 위험하다.

는 상큼한 맛이나 달콤한 맛이 거의 없고, 그저 부드럽기만 할 뿐이다. 그래서 미국 등 서구의 언론매체들이 아보카도를 가리켜 슈퍼 푸드라며 찬양하는 내용만을 믿고 아보카도를 구입하여 직접 먹어본 한국인 소비자들은 "아무런 맛도 없는 이런 걸 도대체 서양인들은 뭐가 맛있다고 그렇게 많이들 먹는 거지?"하고 의아해하는 경우가 많다.

이런 식감은 미국인을 비롯한 서구인들한테는 굉장히 맛있게 느껴지는데, 그 이유는 그들이 오래전부터 먹어오던 버터의 식감과 매우 비슷하기 때문이다. 그래서 미국인들은 커다란 씨를 빼낸 아보카도 열매를 으깨어 매쉬드 포테이토처럼 만들어 토스트에 잔뜩 발라 먹거나 다른 채소와 과일을 함께 넣어 샐러드로 만들어 먹으며 열광한다.

멕시코 농민을 살린 녹색 황금

아보카도로 인해 가장 큰 이익을 얻고 있는 곳은 바로 북미의 멕시코다. 1991년 멕시코가 미국과 맺은 북미자유무역협정으로 인해 낮은 가격의 미국산 농산물들이 몰려오자 멕시코 농산물들은 가격 경쟁에서 패배해 시장에서 밀려났고, 그로 인해 멕시코 인구의 대다수를 차지하던 농민들은 농경지와 일자리를 잃고 실업자가 되어 빈곤에 고통을 받으며 힘들게 살아가게 된다.

그런데 미국에서 아보카도 열풍이 불면서, 멕시코 농민들은 아보카도 재배에 나서서 미국에 수확한 아보카도를 판매하는 일에 열을 올렸다. 그로 인해서 북미자유무역협정의 여파로 타격을 입고 망했던 멕시코 농가가 다시 살아난다. 그들은 아보카도를 녹색 황금이라고 부르며 무척이나 소중히 여기고 있다.

전 세계 아보카도 생산량의 40퍼센트가 멕시코에서 나오고 있으며, 그중에서 멕시코 미초아칸주는 최대의 아보카도 생산지로 하루에만 아보카도를 잔뜩 실은 트럭이 무려 200대나 미국으로 판매를 위해 떠난다. 1년 동안 아보카도를 미국으로 수출해서 벌어들이는 수익이 24억 달러(약 2조 6000억 원)에 이른다고 전해진다. 2016년에 미국에서 수입한 아보카도의 양은 무려 10억 톤이라고 한다.

아보카도가 돈이 된다는 사실이 알려지자, 아보카도를 재배하여 재미를 보려는 나라들이 늘어나고 있다. 빈부격차가 크고 가난한 빈곤층이 많은 남아프리카공화국에서도 아보카도 재배에 뛰어들었는데, 남아프리카공화국에서 수확한 아보카도는 유럽으로 수출되어 1년에 약 1억 2000만 달러의 수익을 거둔다고 알려졌다.

아보카도의 맛을 알게 된 나라도 점점 더 늘어나고 있다. 대표적인 예로 중국을 들 수 있다. 2010년까지만 해도 중국의 한 해 아보카도의 수입량은 2톤에 불과했지만, 2018년에는 3만 2000톤으로 늘어났다. 한국도 2017년 아보카도 수입량이 6000톤에 이르렀다.

부드러운 맛에 숨겨진 씁쓸한 진실

그러나 아보카도와 관련된 일들이 다 긍정적인 것만은 아니다. 아보카도 생산을 둘러싼 어두운 측면들도 많기 때문이다.

우선 아보카도를 재배하는데 물이 너무 많이 소모되는 문제가 있다. 아보카도 열매 1개를 키우려면 320리터의 물이 들어가야 한다. 대략 160명이 하루에 마시는 물의 양과 같다. 100제곱미터의 아보카도 농장을 유지하려면 하루에만 10만 리터의 물을 써야 한다. 그래서 아보카도를 재배하는 지역에서는 지하수가 고갈되어 식수가 모자란 사태가 벌어지고 있다. 일각에서는 아보카도 재배 때문에 세계 각지의 사막화 현상이 더 빨라지고 있다는 주장이 제기되고 있다.

또한 세계의 많은 범죄조직들이 아보카도에 눈독을 들이고 있다. 잔인하기로 악명이 높은 멕시코의 마약 카르텔은 2000년대 이후로 멕시코 정부가 미국 정부와 손잡고 군대를 동원하여 마약 생산과 판매를 강하게 규제하자 정부의 위협을 받지 않으면서 합법적으로 돈을 벌 수 있는 분야로 사업을 확장하려 고민을 해왔는데, 마침 멕시코와 바로 국경이 맞닿아 있는 미국에서 아보카도의 수요가 폭발적으로 증가하자 마약 대신 아보카도에 손을 뻗치고 있다.

그래서 멕시코 마약 카르텔들은 아보카도를 재배하는 농부들한테 접근하여 아보카도를 판 돈을 내놓으라고 윽박지르거나 아보카도를 빼앗거나 아예 아보카도 농장을 사들여 직접 아보카도 사업에 뛰어들고 있다고 한다. 멕시코 농부들은 돈이 되는 아보카도 사업을 마약 카르텔들한테 순순히 넘겨주기를 거부하며 총을 들고 마약 카르텔들에 맞서 싸우고 있다고 한다.

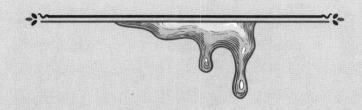

II

—

기름 없이는
살 수가 없네

21 / 포도씨유

풍차가 준 뜻밖의 선물

포도는 생으로 먹어도 맛있고 술로 담가 먹어도 맛있다. 그런데 포도는 당도가 높아서 쉽게 무르고 쉬어버리기 때문에, 냉장 기술이 발달하지 않았던 옛날에는 생으로 먹기보다 술로 담가 먹는 용도로 더 많이 쓰였다. 포도씨는 쓸모가 없어 그냥 버려졌다.

풍차가 만든 포도씨유

서양에서는 오랜 옛날부터 포도를 먹어왔다. 서양 문명의 요람이라고 알려진 고대 그리스에서는 포도가 올리브와 더불어 중요한 재배 작물이었다. 그리스 땅은 척박한 산악 지형이 대부분이어서 밀을 재배하는 것보다 포도를 키우는 것이 더 효율적이었기 때문이다.

포도씨유의 원료인 포도씨.

그리스에서 재배하는 포도는 매우 당도가 높아서 일찍부터 유명했다. 그리스의 중심 도시인 아테네에서는 포도를 발효시켜 만든 술인 포도주를 다른 나라에 수출했는데, 포도주를 가득 담은 항아리에 소나무의 수지를 넣어서 파는 것이 특징이었다. 이를 '레치나'라고 부르는데, 소나무 수지 향이 포도주에 섞여서 매우 독특한 맛을 내는 것으로 명성이 높았다.

서양에서 포도는 발효시켜 포도주로 만들어 먹는 편이 일반적이었다. 전기와 냉매질의 효과를 이용해 온도를 차갑게 낮추어 음식의 보존 기간을 늘리는 냉장 기술이 개발되기 전까지, 즉 근대 이전에는 냉장 기술이 없었다. 일부러 소금에 잔뜩 절이는 방식을 제외하면 음식을 오래 보관하기가 어려웠다. 포도는 단맛이 특징인 과일이기 때문에 고기나 생선처럼 소금에 잔뜩 절일 수 없었으며, 며칠만 놓아두어도 금방 상해버리기 때문에 재배한 곳으로부터 멀리 가져가기 어려웠다.

그래서 그리스와 로마의 귀족들이 즐기는 사치 중의 하나가 바로 '포도를 생으로 그냥 먹는' 일이었다. 고대 사회에서는 상하기 쉬운 포도를 싱싱하게 날로 그냥 먹는다는 것 자체가 그만큼 큰 부와 권력을 가졌다는 뜻이었다.

생포도를 먹는 것조차 이렇게 어려우니, 하물며 포도에 들어있는 포도씨들은 더 말할 나위도 없었다. 포도를 재배하는 농부들이나 포도주로 만드는 양조업자들은 포도씨를 이용하려는 생각을 전혀 하지 않았고, 그저 버려야 하는 필요 없는 쓰레기 정도로 치부하여 포도에서 모두 골라내 땅에 묻어 없애버렸다.

그런데 15세기 들어 지금의 네덜란드 지역에서 바람을 이용하여 방아를 돌리는 풍차가 생겨나자, 이제까지 쓰레기라고 여기던 포도씨를 다른 용도로 사용하는 방안이 검토되었다. 거센 바람의 힘으로 방아를 돌리는 풍차를 이용하면, 단단하여 씹지 못하던 포도씨를 빻을 수 있었고 거기에서 기름을 짜낼 수 있다는 사실을 발견했던 것이다.

16세기 말엽에 이르자, 북유럽 각 지역에서는 풍차를 돌려 포도씨를 빻아서 기름을 짜내는 일이 많아졌다. 이 작업에 적극적이었던 곳은 주로 대규모로 포도를 재배하던 농장들이 들어선 이탈리아와 스페인과 프랑스였다. 여태까지 포도주를 만들기 위해 포도를 재배해오던 이들은 포도씨가 생활에 유용한 기름을 만드는 귀중한 물건이 될 수 있다는 사실을 깨닫고 북유럽 국가들한테 포도씨를 잔뜩 가져다 맡겼다.

포도씨유와 스테로이드

포도씨유의 맛은 깨끗하고 가벼우며 인체에 유익한 불포화지방을 많이 함유하고 있다. 그래서 유럽에서는 포도씨유를 발견한 후 주로 샐러드 드레싱이나 마요네즈를 만들 때 재료로 사용했다. 또한 포도씨유는 약 216도에서 끓어오르는데, 이는 유럽인들이 흔히 사용하는 올리브기름보다 더 높은 온도이기 때문에 튀김에 들어가기에 훌륭했다.

포도씨유에는 비타민 E의 일종인 토코페롤이 포함되어 있는데, 토코페롤은 노화를 억제해주고, 피부의 탄력을 지속시켜주며, 각종 성인병들을 예방해주고, 여성의 경우 생리 불순 현상도 막아주는 등 여러 모로 유익하다는 사실이 밝혀졌다.

포도씨유에는 스테로이드도 포함되어 있다. 스테로이드는 인체의 면역 기능을 강화시켜 주며, 염증을 낮게 해주고, 피부병과 천식에도 뛰어난 효능이 있다. 프로레슬링이나 종합격투기 같이 격렬한 움직임이 필요한 운동 선수들이 자주 복용한다고 알려진 약물이 바로 스테로이드다.

여담으로, 지구상에서 가장 신체가 크고 건장한 인종이 폴리네시아인이라는 '썰'이 있는데, 이는 이들이 먹는 얌(고구마의 일종)에 천연 스테로이드가 들어가 있기 때문이라고 한다. 역시 '썰'에 따르면 이를 알게 된 서구의 운동선수들이 천연 스테로이드를 불티나게 복용하게 되었다고 한다.

22 / **돼지기름**

옛날 짜장면이 더 맛있는 이유

삼겹살이나 보쌈, 족발 같은 돼지고기로 만든 음식을 좋아하는 사람이라고 해도 비계 같이 기름기가 많은 부위는 좀처럼 손을 대지 않으려 하는 경향이 있다. 하지만 돼지기름에는 사람의 몸에 유익한 것들이 매우 많다.

인체에 유익한 돼지기름

중국집에 가서 음식을 먹기 좋아하는 중장년층 중에는 "예전에 먹던 짜장면과 볶음밥이 지금보다 훨씬 맛있었어"라고 하는 경우가 종종 있다. 이들의 말은 단순한 감상이 아니라 상당한 근거가 있다. 1980년대까지만 해도 한국의 거의 모든 중국집들은 짜장면이나 볶음밥 같은 요리를 할 때 라드, 즉 돼지기름을 넣고 볶았다. 그

돼지비계에서 추출해낸 기름인 라드는 새하얀 색을 띄고
있다. 중국 요리와 서양 요리에서 매우 중요한 조미료다.

런데 1990년대 들어 "동물성 기름을 먹으면 콜레스테롤 같이 몸에 나쁜 성분들이 쌓여서 동맥경화나 심장병에 걸린다!"라는 공포심이 사람들 사이에 퍼져 나감에 따라 중국집 주방에서 라드가 사라지고 대신 콩이나 옥수수에서 짜낸 식용유로 요리를 하게 되었다.

그렇게 되자 라드를 넣고 볶을 때보다 고소한 감칠맛이 사라져 버리게 되면서 어떤 사람들은 짜장면과 볶음밥이 맛이 없다고 느끼게 된 것이다.

동물성 기름에 대한 부정적인 편견과 달리, 알고 보면 돼지기름은 사람의 몸에 굉장히 좋은 성분들을 지녔다.

대략 기원전 4세기부터 현재 러시아 연해주와 중국 동북부 헤이룽장성에는 읍루挹婁라고 불리는 민족이 살았다. 이들은 한국사에서 꽤나 비중이 있는 집단인데, 고대 한국사의 국가들인 부여와 고구려와 발해의 이웃이었던 말갈족이 바로 이 읍루족들의 후손이기 때문이다.

지금도 그렇지만 연해주나 헤이룽장성은 겨울이 되면 무척이나 날씨가 추워진다. 읍루족들은 이러한 상황에 대비해 돼지기름을 몸에 두껍게 발랐다. 돼지기름을 몸에 바른다고 하니 무척이나 지저분하고 미개하다고 여기는 사람도 있을 것이다. 하지만 차분히

118

생각해 본다면 이는 현대에 와서 건조한 피부의 보습을 위해서 바셀린이나 핸드크림 같은 화장품을 바르는 것과 같은 원리이니 부정적으로 바라볼 필요가 없다. 오히려 읍루족들은 피부 보습에 관한 좋은 재료를 일찍부터 마련하여 사용했던 셈이니, 그들의 선택을 높이 평가해야 마땅하다.

한의학에서 만드는 고약인 자운고紫雲膏는 미나리과에 속하는 식물의 뿌리인 당귀當歸와 황련黃連에 호마유胡麻油(검은 깨로 만든 참기름)와 자근紫根(자초의 뿌리)과 밀랍에 돼지기름을 넣어서 만든다. 자운고는 항균 효과가 있고 피부에 보습을 더해주며 동상을 치료하는 데에도 매우 효능이 뛰어나다.

비계의 힘

돼지비계에는 비타민B1 성분이 포함되어 있어서 피부 미용에 매우 좋은 효과를 발휘한다. 겨울철 추위가 다른 지역들보다 혹독한 지역에서는 돼지의 살코기보다 비계 부위를 더 좋아한다. 비계를 먹어야 몸에 지방이 붙고 겨울철 추위를 견딜 수 있다는 이유에서다. 실제로 몸에 지방이 많은 사람일수록 마른 사람보다 추위를 덜 탄다.

1990년대 한국이 몽골과 막 외교 관계를 맺었을 때, 몽골을 방문한 한국 정치인들한테 몽골 정부가 대접한 음식은 불에 구운 비계 스테이크였다. 한국 정치인들은 몽골 측이 대접한 비계 스테이크를 거의 먹지 못하고 남겼다. 비계가 입에 안 맞았던 것인지 한국에서는 별로 먹지 않는 비계를 내놓아서 자신들을 하찮게 생각한다고 해서였는지 알 수는 없다. 헌데 이것이 몽골 정부 측한테는 매우 이상한 일이었는데, 그들한테는 비계를 구워서 요리로 내놓는 일이 귀한 손님에 대한 최고의 예우였기 때문이었다.

추운 날씨 때문에 돼지고기를 더 선호하는 러시아에서도 돼지비계는 사랑받는 음식이다. 러시아인들은 돼지고기의 비계를 소금과 후추에 절여 발효시킨 음식인 쌀로를 즐겨 먹는데, 이 쌀로에 포함된 풍부한 단백질과 지방 덕분에 러시아의 혹독하고 긴 겨울 추위를 이겨낼 수 있다고 한다. 구 소련의 정치인 고르바초프는 자신의 부모가 직접 만들어서 보내준 쌀로를 러시아 국민들한테 자랑스럽게 보여주기도 했다.

현대 중국의 지도자였던 마오쩌둥도 돼지비계를 무척이나 좋아했던 인물이었다. 그는 돼지고기가 사람한테 매우 유익한 음식이라고 여겨 평생 동안 돼지고기를 즐겨 먹었다. 마오쩌둥은 기름에 튀긴 돼지고기나 돼지비계로 만든 중국 요리인 홍샤오러우紅燒肉를 자주 먹었다.

파푸아뉴기니의 원주민들도 돼지고기의 비계를 즐겨 먹는다. 그들은 소금에 절인 비계가 세상에서 가장 맛있는 음식이라고 여기는데, 매년 돼지를 잡아 먹는 축제를 벌일 때면 한껏 멋을 낸 화려한 옷을 입고서 친척들의 입안에다가 돼지비계를 잔뜩 넣어주는 행사를 연다. 그런 행동이 친척들에 대한 사랑을 나타내는 것이라고 믿기 때문이다.

돼지비계에서 나온 기름을 모아서 추출한 재료인 라드는 서양에서 매우 사랑받는 식재료다. 한국에서는 라드를 별로 쓰지 않지만, 서양에서는 라드가 식용유만큼이나 요리에 많이 들어간다. 심지어 미국과 영국에서는 라드를 군인들한테 비상식량으로 지급하고 있는데, 영양 높은 음식이 중요한 전쟁터에서 그만큼 군인들의 건강에 좋다고 판단했기 때문이다.

23 / 소기름
동물성 지방도 사람 몸에 좋다

1980년대 한국 라면 업계 선두주자는 삼양이었다. 삼양에서 만든 라면은 소기름으로 튀긴 면발을 사용하여 맛이 매우 진했기 때문이었다. 그런데 1989년 이른바 공업용 소기름 파동이 터지면서 삼양은 큰 타격을 받았다. 원래의 지위를 회복하는데 오랜 시간이 걸렸다.

건강에 나쁘다며 사라진 소기름

공업용 소기름 파동(우지 파동)은 1989년 11월 3일에 시작되었다. 서울지방검찰청이 오뚜기, 삼양 등 라면 회사들이 공업용 소기름(우지)으로 라면을 튀겼다며 식품위생법 위반 혐의로 회사 대표 등을 구속 조사하였다.

한국 사회는 큰 충격에 빠졌다. '공업
용'이라는 말을 듣고 사람들이 순식간
에 라면을 사람이 먹지 못하는 저질 불
량 식품으로 취급했다. 라면을 포함하여
공업용 소기름이 들어간다고 밝혀진 과
자, 빵, 케이크도 저질 불량 식품으로 여
겨져서 판매량이 급격히 줄어들었다.

소기름. 영어로는 탈로우Tallow라고 부른다.

　이후 보건사회부가 "시중에 유통되는 라면들을 모두 조사해 보
았지만 인체에 유해한 영향을 끼친다는 증거는 찾을 수 없다"라면
서 안전하다고 발표했지만, 소비자들의 불신은 좀처럼 가라앉지
않았다. 공업용 소기름 파동의 중심에 있던 삼양에서 만드는 라면
들은 한동안 시중에서 거의 퇴출되다시피 했다.

　그런데 소기름 논란이 한국에서만 있었던 것은 아니다. 당시 미
국의 맥도날드 같은 햄버거 가게들에서 인기 있는 간식 감자튀김
을 소기름으로 튀겨왔는데, '소기름으로 튀긴 음식을 먹으면 당장
혈관이 막히고 콜레스테롤 수치가 올라가서 성인병에 걸려 죽는
다'는 시민 단체들의 격렬한 항의를 받고 감자튀김을 식용유로 튀
기게 되었다.

　왜 사람들이 소기름에 신경질적인 거부 반응을 나타냈던 것일
까? 세계적으로 보자면 이는 대략 1980년대 후반부터 전 세계적으
로 채식주의 열풍이 불기 시작하면서 일어난 현상이었다. 한국의
경우, 미국 유학을 다녀왔다는 당시의 유명인사 이상구 박사가 공

업용 소기름 파동이 일어나기 딱 1년 전인 1988년 KBS 같은 공중 파 TV에 나와서 국민들을 상대로 "사람은 채식을 해야 암에 걸리지 않고 노화를 늦출 수 있어서 건강해진다. 또한 고기는 콜레스테롤을 사람의 몸에 쌓이게 하여서 건강에 나쁘다"라는 내용의 주장을 하여 소비자들로 하여금 자연스럽게 "채식은 몸에 좋고, 육식은 몸에 해롭다"라는 인식을 심어주었다. 한국 사회에서 "고기를 많이 먹는 서양인들보다 고기를 적게 먹고 대신 채소를 많이 먹는 한국인이 더 건강하다"라는 믿음이 이즈음부터 꽤나 널리 퍼졌다. 사실 1980년대 초반까지만 해도 한국은 경제적 어려움으로 인해 고기 섭취가 매우 적은 나라 중 하나였다.

이런 상황에서 1989년 공업용 소기름 파동 이후 한국의 식탁에서 소기름은 사실상 자취를 감추고 그 자리를 식물성 기름인 식용유나 팜유가 차지하였다.

하지만 과연 소기름이 몸에 나쁘기만 한 것일까? 결론부터 말하자면 아니다. 인류는 오랜 옛날부터 소기름을 식용으로 먹어왔으며, 그것 때문에 특별히 몸에 해로운 병이 생긴다고 보기는 어렵다. 영국에는 소고기 요리인 로스트 비프를 굽고 나오는 소기름을 넣고 반죽하는 빵인 요크셔 푸딩이 있는데, 이것이 건강에 해롭다는 이유로 영국인들의 식탁에서 사라지지는 않았다.

식용유나 팜유가 식물성 기름이라고 하여 과연 소기름보다 더 안전하다고 볼 수 있을지 의문이다. 일각에서는 식용유와 팜유가 소기름보다 사람의 몸에 더 나쁘다는 주장을 하기도 한다.

어떤 사람들은 요즘 나오는 감자튀김이나 볶음밥, 짜장면이 예전에 먹던 것들보다 맛이 없다고 투덜거리는데 실제로 식물성 기름보다 동물성 기름으로 요리를 하는 것이 더 고소하고 맛이 있다는 주장을 하는 전문가도 많다.

소가죽으로 배를 만들 수도 있다

식용 이외에도 소기름에는 다른 용도가 있다. 특히 방수에 뛰어난 효능이 있다. 서유럽의 아일랜드인들은 '코라클'이라고 하는 나무판자에 소가죽을 덮어씌운 배를 만들어 바다로 나갔는데, 특히 아일랜드인 가톨릭 수도사들은 코라클을 타고 정해진 목표 없이 바다로 나가 자신의 운명을 온전히 신의 뜻에 맡기는 일종의 종교적 수행 항해를 하는 일이 관행이었다고 한다.

소가죽으로 씌운 배를 타고 어떻게 바다를 항해할 수 있을지 의문을 가질 사람도 있을 것이다. 하지만 소기름이 그걸 가능케 한다. 1978년 7월 27일, 아일랜드의 역사가 팀 세버린은 직접 고대 아일랜드의 전통 방식으로 만든 코라클을 타고 아일랜드에서 미국까지 항해하는 데 성공했다. 그의 경험에 의하면 바다의 짠 소금기가 소가죽에 닿으면 가죽이 오히려 더 딱딱해지면서 물이 전혀 스며들지 않아 방수에 좋았다고 한다.

서기 6세기 무렵, 아일랜드의 수도사인 성 브렌던(484/486~578)이 7년 동안 코라클을 타고 바다를 떠돌면서 이제까지 누구도 보지 못한 새로운 땅들을 방문했다고 한다. 그의 여정은 서기 8세기 초 무렵 아일랜드에서 만들어진 문헌인《브렌던의 항해*Navigatio Brendani*》에 기록되어 있다. 성 브렌던은 다른 동료 수도사들과 함께 아일랜드 서부에서 시작하여 영국 북부 스코틀랜드의 서부 해안 지역인 헤브리디스 제도를 지나 페로 제도에 이르렀고, 아이슬란드를 거쳐 아프리카 서부의 카나리아 제도에까지 갔다고 한다. 일설에 의하면 북아메리카까지 방문했다고 전해진다.

24 / 카놀라유

중국인은 비만이 별로 없다

매년 봄 제주도 들판은 유채꽃으로 노랗게 물들어 장관을 이룬다. 이 광경을 보기 위해 수많은 관광객들이 제주도를 찾아 아름다움을 만끽하는 것이 오래전부터 연례행사가 되었다.

 하지만 유채꽃은 그저 시각적인 아름다움만 주는 식물이 아니다. 유채꽃에서는 사람에 유익한 기름인 카놀라유가 추출된다. 카놀라유는 튀김을 포함한 수많은 요리에 들어간다.

심장 질환 유발 가능성이 낮은 기름

카놀라유는 종자를 약간 가열하여 분쇄해 짜낸다. 거의 모든 상업용 카놀라유는 헥산 용매를 통해 추출된다. 카놀라유는 물 침전과 유기산을 사용하여 지방산을 제거하고 여과하여 색을 제거하고 증

카놀라유의 원료인 유채꽃.

기 증류로 탈취하며 정제를 거쳐 완성된다.

일반적으로 유채꽃의 종자에서 카놀라유로 사용되는 부분은 약 44 퍼센트이며 나머지 부분은 카놀라 가루가 되어 가축들한테 먹이는 사료로 쓰인다. 대략 23킬로그램의 카놀라 씨에서 10리터의 카놀라유가 나온다.

카놀라유는 현재 전 세계 요식업계와 일반 가정의 식탁에 흔하게 등장한다. 카놀라유가 사람이 섭취하기에 안전하고 건강에 좋은 기름이라는 평판을 얻고 있기에 전 세계 시장에서 수요가 높다. 실제로 2006년에 미국 식품의약국FDA은 카놀라유에 불포화 지방이 많이 함유되어 있고 포화 지방의 양이 상대적으로 적어서 관상 동맥 심장 질환의 위험을 낮춘다는 판정을 내렸다.

또한 FDA는 카놀라유에 부착된 식품 라벨에 "제한적이지만 결정적이지 않은 과학적 증거에 따르면 매일 카놀라유를 19그램씩 섭취하면 카놀라유에 포함된 불포화 지방 함량으로 인해 관상 동맥 심장병의 위험이 감소할 수 있다. 이를 달성하기 위해 카놀라유는 유사한 양의 포화 지방을 대체하고 하루에 섭취하는 총 칼로리를 늘리지 않는다"라고 광고할 수 있게 허가했다.

카놀라유는 오메가-6 지방산과 오메가-3 지방산을 2:1 비율로 함유하고 있다. 아울러 단일 불포화 지방이 높다.

2013년 미국과 캐나다의 카놀라 협회가 후원한 연구에서는 카놀라유를 꾸준히 복용하도록 한 사람들이 그렇지 않은 사람들에 비해 신체 내 콜레스테롤이 상당 부분 줄어들었으며 그에 반비례하여 토코페롤 수치가 늘어나고 인슐린 감수성이 나아졌다고 결론을 내렸다.

2014년에는 카놀라유를 비롯하여 알파-리놀렌산이 풍부한 식물성 기름 섭취가 건강에 미치는 영향에 대해 "심혈관 질환, 골절 및 제2형 당뇨병의 위험을 낮추는 데 효과가 있다"라는 결론이 나왔다. 2019년 무작위로 카놀라유에 대한 임상 실험을 한 결과, 카놀라유를 꾸준히 섭취하면 해바라기씨 기름이나 다른 포화 지방에 비해 콜레스테롤과 몸무게를 줄이는 것으로 나타났다고 한다.

그런데 야생의 카놀라 씨앗에서 만드는 카놀라유에는 상당한 양의 에루크산이 포함되어 있다. 이 에루크산이 인체에 유해한지의 여부를 놓고 오랫동안 확실한 결론이 나오지 않았는데, 현재 세계 각국에서 상업적인 카놀라유를 생산하는데 사용되는 카놀라 품종은 에루크산이 2퍼센트 미만만 포함되도록 규정하면서, 아울러 에루크산이 딱히 사람의 건강에 크게 위험하지 않다고 간주하고 있다.

지방을 분해한다

카놀라유는 대두유와 팜유 다음으로 널리 소비되는 식물성 기름이다. 카놀라유의 근원인 유채꽃은 기원전 2000년 전 인도에서 처음으로 재배되었고 서기 1세기 무렵 중국으로 전파되었다. 전통적으로 중국은 수질이 좋지 않고 황사에 섞인 모래도 많아 기름에 볶거나 튀기는 요리가 발달하였다. 중국 요리에서 카놀라유는 매우 광범위하게 쓰인다.

그런데 중국인들은 기름에 볶거나 튀기는 요리를 자주 먹어도 비만인 경우가 많지 않다. 중국인들 못지않게 기름에 볶거나 튀기는 요리를 즐기는 미국인들이 오늘날 세계 제일의 비만 국민이라 불리며 집밖으로 나가는 것도 힘들어할 정도인 경우가 많아져서 국가적인 문제가 되고 있는 것과는 대조적이다.

이를 두고 일각에서는 중국인들이 자주 마시는 차 때문이라고도 하지만, 어쩌면 중국 요리에 들어가는 카놀라유의 여러 성분 때문에 몸의 지방이 분해 배출되기 때문은 아닐까?

카놀라유는 대략 13세기 무렵, 중국에서 유럽으로 소개되었고 석유를 쓰기 이전 램프에 넣어 불을 밝히는 용도로 사용되었다. 카놀라유는 식품 이외의 용도로도 많이 사용되는데, 대두유와 같이 가격에 따라 산업용 윤활유, 양초, 립스틱, 신문 잉크 등의 제품에도 들어간다. 20세기에 들어서는 바이오디젤의 공급원으로도 각광받고 있다.

흔하지만 귀중한 인류 최초의 조미료

참깨를 으깨어 나오는 참기름은 한국, 중국, 일본 등 아시아 지역에서 요리에 쓰이는 조미료다. 특히 비빔밥과 나물 요리 같은 한국음식에는 참기름이 반드시 들어간다. 필수적인 식재료인 것이다.

인류 역사 최초의 조미료

참기름은 참깨를 뜨겁게 볶아서 추출해낸 식용 식물성 기름이다. 참깨가 인류의 손에 의해 재배된 시점은 약 5000년 전인데, 가뭄에도 강한 농작물이어서 다른 농작물들이 자라지 못한 곳에서도 뿌리를 내릴 수 있었다.

참깨를 가장 처음 재배한 건 현재 인도 서북부의 고대 인더스문명 시대(기원전 3300~1700년)였다. 인더스 문명의 주민들은 참깨를

참깨 씨앗.

길러서 기름을 짜내는 용도로 사용했는데, 이는 인류가 기름을 얻기 위해 처음으로 기른 작물이자 최초의 조미료라고 여겨진다. 인더스 문명에서 자란 참깨는 기원전 2500년 무렵, 현재 이라크 지역의 또 다른 고대 문명인 메소포타미아로 수출되었다. 메소포타미아로 건너간 참깨는 이집트를 거쳐 아프리카로 퍼져 나갔다. 오늘날 전 세계에서 참기름을 가장 많이 만드는 나라는 아프리카의 탄자니아다. 탄자니아에서 참기름은 식용 기름으로 사랑을 받고 있다. 넓은 국토와 막대한 인구를 가진 중국도 참기름 생산량 상위권에 위치한다.

참기름은 추출하여 가공하고 저장 및 보존을 거치는 과정에서 빛과 높은 온도에 노출되면 산화 작용을 일으켜 맛이 변하고 영양소가 손실되는 위험성을 안고 있다. 그런 이유로 참기름을 보관하는 용기는 불투명한 유리병이나 금속통으로 만든다.

한국 요리에서 참기름은 주로 채소를 볶을 때 프라이팬이나 냄비에 둘러서 식재료가 타지 않게 하면서 향이 남도록 하는 용도로 사용된다. 그런데 참기름은 발연점이 올리브유나 카놀라유 같은 다른 식용유보다 낮기 때문에 요리 연구가들 사이에서 "튀김 요리에 적합하지 않다"는 말도 자주 나온다.

참기름에는 고도불포화PUFA 성분이 포함되었다. 시중에서 파는 참기름은 가공된 종자의 색과 도정 방법에 따라 옅은 색에서 진한 적황색까지 색깔이 매우 여러 종류다. 잘 세척된 종자에서 기름을 짜내면 밝은 색의 깨끗한 참기름을 얻을 수 있다. 일부 제조업체는 용매 추출, 중화 및 표백을 통해 참기름을 추가로 정제하지만 고급 종자에서 추출한 참기름은 이미 훌륭한 맛을 가지고 있으며 굳이 추가 정제가 필요하지 않다. 참기름을 요리에 사용하는 사람들 중 많은 수는 정제 과정에서 중요한 영양소가 제거된다는 믿음 때문에 정제되지 않은 참기름을 더 좋아한다.

세계인의 식재료

참기름을 가장 식재료로 즐겨 사용하는 지역은 동아시아이며 그 다음은 인도를 포함한 남아시아다. 특히 인도 남부의 타밀어를 사용하는 지역에서 참기름의 인기가 높다. 인도 남부에서는 서양의 기술이 도입되어 현대적인 정제 과정을 거친 식용유가 대규모로 도입되기 전부터 참기름이 전통 요리인 카레에 들어갔다. 타밀어를 사용하는 지역에서는 향신료의 분말에 쌀과 참기름을 섞은 요리를 매우 즐겨 먹었다.

다만 참기름을 먹거나 사용할 때에 주의해야 할 점이 있다. 참기름도 다른 견과류처럼 알레르기 반응을 불러일으킬 수 있다. 물론 참기름 알레르기는 발생 확률이 매우 낮은 전체 인구의 약 0.2퍼센트 정도에 불과하지만, 그래도 한 번 걸리면 피부염 증상을 앓을 수 있으니 주의해야 한다.

참기름은 식용 이외에 다른 용도로 사용되기도 한다. 화장품에 들어가는 캐리어 오일, 비누, 페인트, 윤활제 등이 있다. 참기름은 살충제와 시너지 효과를 낸다고 알려져 있기도 하다.

26 / 타히니

중동의 참깨 요리

한국인은 참깨로 만든 기름이라고 하면 참기름만을 떠올린다. 하지만 중동에도 참깨의 기름기를 이용하여 만든 식재료가 있다. 우리에게는 다소 생소한 이름이지만 중동의 사람들한테는 흔한 일상 먹거리, 바로 타히니다.

참깨로 만든 잼

타히니Tahini는 참깨를 갈아서 만든 일종의 조미료인데, 중동을 비롯하여 북아프리카와 그리스에서 즐겨 먹는다. 중동에서는 오랜 옛날부터 참깨를 재배했는데, 고대 그리스의 역사가인 헤로도토스는 《역사》에서 현재 중동의 이라크 지역인 바빌론을 가리켜 "참깨가 얼마나 놀랄 만큼 크게 자라는지는 알고 있으나 (굳이) 서술하지

중동에서 즐겨 먹는 타히니. 레몬즙과 곁들여서 먹는다.

않겠다"라고 기록했다.

《역사》에는 바빌론의 주민들이 오로지 참깨로 만든 기름만 사용한다고 묘사됐다. 고대 이라크에서는 식용 참기름을 이미 사용했던 것이다. 다만 타히니가 문헌에서 처음 언급된 때는 서기 13세기로 요리를 다룬 책《종합적인 기술의 책Kitab Wasf Al-Atima Al-Mutada》에서다. 이를 근거로 그 즈음 중세 이슬람 사회에서 타히니가 본격적으로 중요한 먹거리로 취급되었다고 여겨진다.

타히니를 본 경험이 없는 한국인들은 감이 안 잡힐 텐데, 땅콩을 갈아서 만든 버터와 비슷하다고 보면 된다. 땅콩 대신에 참깨를 갈아서 만들었다는 점이 다를 뿐이다.

타히니는 훔무스Hummus와 바바 간누즈Baba Ghanoush와 할바Halva 같은 중동 지역의 주요 요리에 반드시 들어가는 식재료다. 훔무스는 타히니와 올리브 기름, 병아리콩, 레몬즙에 마늘과 소금을 섞고 으깨어 만든 소스인데 그 모습은 으깬 감자(매시드 포테이토)와 비슷하다. 바바 간누즈는 구운 가지를 잘게 부수어 타히니와 향신료와 올리브 기름을 섞어서 만든 음식이다. 할바는 중동에서 즐겨 먹는 과자인데 피스타치오와 해바라기씨와 밀가루에 타히니와 설탕을 섞어서 만들며, 한국인의 입맛에는 하나만 먹어도 달다고 느낄 만큼 굉장히 당도가 높다.

타히니는 참깨를 으깨어 만드는 음식이므로 당연히 참깨에서 추출된 기름이 매우 많이 포함되어 있다. 그런 이유로 타히니를 만드는 식품 회사에서는 타히니가 상하거나 썩는 것을 막기 위해서 차가운 온도로 냉장하여 보관하는 것을 권장하고 있다. 다만 타히니를 냉동 처리하는 것은 별로 권장하지 않는데, 해동하는데 어려움이 따르며 원래의 맛과 풍미를 잃어버리기 때문이다.

미국인들이 땅콩버터를 빵에 발라서 간단히 먹듯이, 아랍인들도 같은 방식으로 타히니를 빵에 발라서 먹기를 좋아한다. 앞서 언급한 훔무스처럼 중동 식당에서는 타히니에다가 레몬 주스와 소금과 마늘을 첨가하여 고기와 채소로 만든 다른 요리에 토핑으로 첨가하여 차려낸다.

여러 지역에서 즐기는 타히니

중세 아랍 사회가 동서양을 연결하는 중계 무역으로 막대한 부를 쌓아 찬란한 번영을 누린 탓에 중동의 주변 지역들에서도 타히니를 즐겨 먹는다.

남유럽의 그리스에서는 타히니를 아랍에서처럼 빵에 바르거나 꿀이나 과일로 만든 각종 잼들을 얹어서 먹는 게 오래전부터 일상화되었다. 그리스의 카페나 레스토랑에서는 아침 식사로 타히니에 달콤한 꿀과 코코아를 곁들여서 제공한다. 이는 그리스가 동로마 제국 시절 아랍과 문화 교류한 흔적일 수도 있고, 15세기부터 19세기까지 약 350년 동안 오스만 제국(튀르키예)의 지배를 받아서 형성된 식문화일 수도 있다.

서기 7세기부터 이슬람 제국의 지배를 당한 탓에 아랍 문화의 영향을 받은 이란에서도 타히니를 즐겨 먹는다. 이란에서는 타히니를 가리켜 아르데흐Ardeh라고 부르며 할바를 함께 먹는다. 타히니에 포도 시럽과 꿀과 과일잼을 곁들여서 아침 식사로 먹기도 한다.

16세기부터 20세기 초반까지 약 400년 동안 중동을 지배했던 오스만 제국의 후예인 튀르키예에서도 타히니는 인기 있는 음식이다. 튀르키예에서는 타히니를 보통 본 식사를 다 마친 이후 차려오는 후식으로 선택한다.

바빌론의 후예인 이라크에서는 타히니를 달콤한 시럽과 섞어서 빵에 곁들여 디저트로 먹는다.

비록 유대교를 믿지만 국민의 20퍼센트가 아랍계이고 가까운 아랍권과 문화적인 교류를 할 수밖에 없는 이스라엘에서도 타히니가 서민들의 주된 먹거리다. 이스라엘의 레스토랑에서 타히니는 양고기와 소고기로 만드는 요리인 쿠프타Kufta나 각종 생선 요리에 들어가는 소스로 사용되며, 달콤한 맛을 내는 과자에도 첨가된다.

가자 지구를 비롯하여 팔레스타인에서는 타히니를 양고기나 샐러드 요리에 첨가하며, 타히니 자체를 빵을 반죽하는 베이킹 파우더에 넣기도 한다.

27 / **해바라기씨 기름**

서양의 참기름

한국 요리에 가장 많이 들어가는 식용 기름은 참기름이다. 그렇다면 서양 요리에 가장 많이 들어가는 식용 기름은 무엇일까? 바로 해바라기씨 기름이다. 해바라기씨 기름은 각종 서양 요리에 빠짐없이 들어가며, 불포화 지방산이 많아 일반적인 튀김 요리에 사용하는 식용유보다 건강에 더 좋다고 알려져 있다.

폭스 멀더의 주식

1990년대 큰 인기를 끌었던 미국 드라마 〈X파일〉의 주인공 폭스 멀더가 항상 입에 달고 사는 음식이 바로 해바라기씨였다. 또 다른 주인공 스컬리가 멀더한테 "당신이 해바라기씨를 까먹는 바람에 껍질이 사무실 바닥 여기저기에 널려 지저분하다"라고 자주 핀잔

해바라기씨 기름과 그 원료인 해바라기의 모습. 서양 요리에
아주 많이 들어가는 조미료다.

을 주어도 멀더는 그 말을 무
시하고 계속 해바라기씨의 껍
질을 까서 먹었다.

국내에는 해바라기가 구한
말 무렵에야 서양인들에 의해
처음 들어와서 해바라기씨를
간식으로 먹는 개념이 널리
퍼지지 않아 〈X파일〉에서 멀

더가 해바라기씨를 먹는 모습을 1990년대에 다소 이상하게 여기기
도 했다.

하지만 서양에서 해바라기를 기르는 진짜 목적은 그저 해바라
기씨를 볶아서 먹으려는 것이 아니라, 거기서 기름을 짜내어 요리
나 생활에 이용하려는 데 있었다.

해바라기씨 기름은 해바라기씨를 압착하여 나오는 비휘발성 기
름인데, 일반적으로 튀김 요리를 하기 위해 들어가는 식용유로 쓰
이며 화장품을 만드는 데도 포함된다.

해바라기씨 기름의 성분은 고도 불포화 지방인 리놀레산 59퍼
센트, 단일 불포화 지방인 올레산 30퍼센트로 구성되며, 비타민E
가 포함되어 있다. 그밖에도 해바라기씨 기름에는 포화 지방인 팔
미트산 5퍼센트, 스테아르산 6퍼센트가 함유되어 있다.

2018년 통계에 따르면 전 세계에서 해바라기씨 기름은 약 1800
만 톤이 생산되었는데 그중 우크라이나의 생산량이 510만 톤에 달

했으며 그 다음은 460만 톤을 기록한 러시아였다. 이들이 해바라기씨 기름을 많이 생산했던 것은 재배하는데 알맞은 기후를 갖추었고 예전부터 즐겨 먹었기 때문이다.

해바라기씨 기름은 동유럽의 요리에서 전통적으로 샐러드 드레싱에 사용된다. 동유럽 국가들은 버터 대신에 해바라기씨 기름을 먹어왔는데, 해바라기씨 기름은 버터보다 비타민과 식이 섬유가 풍부하기 때문에 비타민 섭취가 부족한 동유럽에서 매우 중요하게 여겨져왔다.

정제된 해바라기씨 기름은 투명하거나 호박색을 띠는데, 기름진 냄새가 나면서 실온에서는 액체의 형상을 하고 있다. 해바라기씨 기름은 정제냐 비정제냐에 따라서 끓어오르는 발연점의 온도가 다르다. 정제의 경우 약 232도가 발연점이며 비정제의 경우는 그보다 낮은 107도가 발연점이다.

해바라기씨 기름에는 위험 요소가 존재한다. 해바라기씨 기름은 주로 불안정한 다중 불포화 및 단일 불포화 지방산으로 구성되어 있기 때문에 열과 공기와 빛에 의한 분해에 특히 취약하다. 이는 산화를 촉발하고 가속화한다. 산화된 기름이나 견과류를 먹게 되면 설사 같은 고통을 겪을 수 있으니 조심해야 한다.

이런 위험성을 줄이기 위해서 해바라기씨 기름을 제조 및 보관하는 동안 낮은 온도를 유지하면 산패와 영양 손실을 최소한으로 줄일 수 있다. 또한 어두운 색의 유리나 자외선 차단제로 처리된 플라스틱병에 해바라기씨 기름을 보관하면 비슷한 효과가 있다.

28 / 땅콩버터

땅콩을 이용한 가장 훌륭한 먹거리

미국인들이 마치 우리네 된장이나 쌈장처럼 즐겨 먹는 음식이 있으니, 바로 땅콩버터다. 땅콩을 잘게 갈아서 만든 땅콩버터는 이름과는 달리 버터나 유제품은 전혀 들어가지 않지만, 고소하고 달짝지근한 맛을 내기 때문에 미국인들로부터 큰 사랑을 받고 있다.

'하찮은 것'에서 가장 사랑하는 음식으로

일반적으로 땅콩버터는 말린 땅콩을 간 후 소금 혹은 과일잼 등을 추가하여 만든다. 보수적인 입맛을 가진 미국의 어른들은 소금 같은 간단한 첨가물만 넣은 땅콩버터를 좋아하고, 미국의 어린이나 청소년들은 딸기잼이나 포도잼 또는 젤리와 초콜릿 같은 단맛을

내는 감미료를 잔뜩 넣은 땅콩버
터를 좋아한다.

미국 학교에서 나오는 급식 중
가장 인기 있는 메뉴가 땅콩버터
다. 값이 싸면서도 열량이 높아서
큰 포만감을 줄 수 있기 때문이다.
땅콩버터를 식빵 두 개 사이에 바

땅콩버터는 미국인들이 가장 좋아하는 음식 중 하나다.

른 샌드위치는 미국인들이 돈이 없거나 시간이 부족할 때 간단하
게 한 끼를 해결하는 데 쓰인다. 주로 가난한 저소득층들이 그렇게
먹지만, 경우에 따라서는 부유한 정치인들도 바쁠 때 땅콩버터를
바른 샌드위치를 먹는다.

이렇게 미국인들이 땅콩버터를 좋아하다보니 미국은 1인당 연
간 땅콩버터를 가장 많이 소비하는 나라다. 또한 땅콩버터를 해외
로 수출하고 있다. 매년 1월 24일은 미국에서 땅콩버터를 기념하
는 날로 지정되어 있다.

하지만 미국인들이 처음부터 땅콩버터를 좋아했던 것은 아니었
다. 영어로 땅콩peanut이라는 말은 '하찮은 것'이라는 뜻의 비속어
로도 쓰였다. 미국의 초창기 역사에서 땅콩은 사람이 먹는 음식이
아니라 소나 돼지 같은 가축들이 먹는 사료였다. 그러다가 미국 남
부의 드넓은 목화 농장에서 일할 노동자로 부리기 위해 아프리카
에서 끌고 온 흑인들한테 땅콩이 음식으로 주어진다. 높은 열량과
값싼 가격 때문이었다.

19세기 중엽 흑인 노예제도 폐지를 둘러싸고 미국이 둘로 갈라져 벌인 내전인 남북전쟁(1861~1865)에서 남군과 북군은 제각기 수십만 명의 흑인들을 군대에 징병했다. 이때 땅콩을 먹는 흑인들의 문화가 백인들한테도 조금씩 전해지면서 백인들도 음식 문화로 받아들이기 시작했다. 그리하여 19세기 후반이 되자 땅콩을 보다 먹기 편하게 갈아서 만든 땅콩버터가 등장한 것이다.

땅콩버터의 역사

오늘날 미국인들은 흑인 농업학자인 조지 워싱턴 카버(1864~1943)가 땅콩버터를 발명했다고 믿는다. 흑인들 중에서는 이 사실을 자랑스럽게 여기는 사람들도 많다. 하지만 그러한 믿음은 사실이 아니다. 그가 1916년에 《땅콩 재배 방법과 식용을 위한 105가지 준비 방법》이라는 책을 출간하기 전부터 이미 땅콩버터를 만드는 방법이 미국이나 캐나다에서 일하는 여러 의사나 식품학자들에 의해 소개되었다.

아침 식사로 전 세계의 많은 사람들이 즐겨먹는 시리얼을 만든 식품학자인 존 하비 켈로그(1852~1943)는 1898년에 삶은 땅콩으로 땅콩버터를 만들어서 자신이 운영하는 병원에 입원한 환자들한테 음식으로 제공했다. 이때 켈로그가 만든 땅콩버터는 부유한 사람들을 위한 음식이었는데, 그가 운영하는 병원에 입원하려면 꽤나 비싼 돈을 내야 했기 때문이었다. 켈로그가 땅콩버터를 만든 이유는 그가 채식주의자였기 때문인데, 켈로그는 고기보다 채소가 사람의 몸에 더 건강한 식품이라고 믿었다.

1903년에 땅콩버터는 사람의 손으로 일일이 갈아서 만들던 방식에서 벗어나, 기계 장치를 써서 더욱 빠르고 편리하게 만들어졌다. 땅콩버터 제조 기계는 발명가 조셉 램버트가 만들었다.

현재와 같은 형태의 부드럽고 기름이 감도는 땅콩버터는 미국 캘리포니아의 식품 사업가인 조셉 L. 로즈필드

"땅콩박사"이면서 동시에 식물학, 화학, 세균학, 미술, 음악 등에도 재능을 보였던 조지 워싱턴 카버를 당시 《타임》에서는 레오나르도 다 빈치와 비교하기도 했다.

(1882~1958)가 발명했다. 그는 1922년 경화된 기름을 사용하여 좀 더 부드러운 맛을 내는 땅콩버터를 만들었다. 그리고 1932년 로즈필드는 스키피Skippy라는 자기 회사의 이름과 같은 이름의 땅콩버터 상품을 만들었다. 로즈필드는 이전에 사람이 손으로 갈던 방법에서 벗어나 크림 같이 땅콩버터를 휘젓는 새로운 제조 방법을 개발하여 땅콩버터의 맛을 더 부드럽게 만들었고, 땅콩의 조각도 추가해 넣었다. 먹으면 땅콩 조각이 씹히는 형태의 땅콩버터를 오늘날 미국에서는 청키라고 부르며, 그보다 부드러워 먹어도 땅콩 조각이 전혀 느껴지지 않는 부드러운 형태는 크리미라고 부른다.

미군이 전 세계로 파병되었던 2차 세계대전에서 현지의 음식이 입에 맞지 않아 고생했던 미군 병사들이 가장 먹고 싶어 했던 음식

이 바로 땅콩버터였다. 2차 세계대전에서 미군이 승리하자, 세계 각지에 주둔한 미군들을 통해 현지 주민들한테 서서히 땅콩버터가 알려졌다.

땅콩버터는 미국인들이 사랑하는 음식이지만 모든 미국인들이 땅콩버터를 좋아하는 것은 아니다. 미국인들 중에서는 땅콩에 알레르기가 있는 사람들도 많으며, 이런 증상을 앓는 사람들이 땅콩버터를 먹는다면 호흡 곤란과 가려움과 두드러기 같은 고통을 받다가 생명이 위협을 받을 수도 있다고 한다.

29 / **팜유**

현대 인스턴트 음식의 혈액

야자나무의 열매에서 채취되는 기름인 팜유는 오늘날 라면의 면발을 튀기는 용도 혹은 커피에 넣는 프림의 원료로 쓰인다. 빠다코코낫 같은 과자에도 버터 대신에 팜유가 들어가는데, 진짜 버터는 값이 매우 비싸 수지 타산이 안 맞는 꽤 광범위한 경우에 어쩔 수 없이 팜유가 쓰인다고 할 수 있다.

야자나무 열매 기름

야자나무에 열리는 열매 중에서 붉은 색을 띤 과육을 지닌 중과피가 있는데, 이 중과피를 기계로 으깨어 짜낸 식용 식물성 기름이 팜유다. 팜유는 크게 식품, 미용 그리고 바이오연료를 만드는 데 사용된다. 이 중에서 가장 큰 비중을 차지하는 것은 식품이다.

팜유의 원료인 야자나무를 키우기 위해 매년 많은 숲이 벌채되고 있다.

팜유를 식용으로 사용한 것은 꽤나 오래전인데, 그 기원은 무려 5000년 전으로 거슬러 올라간다. 19세기 후반, 기원전 3000년에 고대 이집트에서 사용했던 팜유가 아비도스Abydos의 이집트 무덤 유적에서 발견되었다. 이는 이집트와 중앙아프리카를 오가는 상인들에 의해 이집트로 야자나무가 들어와서 이집트에서 팜유를 사용했음을 보여주는 증거다.

중세 유럽에서도 팜유를 사용했는데, 서아프리카의 주민들과 거래하던 유럽 상인들은 때때로 유럽에서 식용유로 사용하기 위해 야자유를 구입했다. 당시 서아프리카에서는 이미 팜유가 식용유로 사용되었다.

그러다가 19세기에 들어서 영국이 산업 혁명을 맞이하면서 기계에 들어가는 산업용 윤활유로 팜유가 각광을 받게 되었고, 영국 상인들은 팜유를 더 많이 수입하기 위해 팜유의 생산지인 서아프리카와 교역을 늘려 나갔다. 이런 이유로 1870년경 팜유는 서아프리카 국가들의 주요 수출품이 되었다.

하지만 유럽 열강들은 그들이 식민지로 지배하던 동남아에서도 팜유를 생산할 수 있다는 사실을 깨달았고, 영국의 식민지인 말레

148

이시아와 네덜란드의 식민지인 인도네시아에서 대규모의 야자나무 숲을 가꾸고 팜유를 채취한다. 이로 인해 서아프리카는 팜유 생산에서 동남아에 밀려나고 만다.

팜유는 베타카로틴 함량이 높기 때문에 붉은 색을 띠고 있으며, 정제를 하면 하얗게 변한다. 1990년대 중반부터 붉은 색을 띤 팜유는 차가운 온도에서 압착을 하여 병에 넣고 식용유로 사용하는 것 외에도 마요네즈 및 식물성 기름에 혼합하는 등 여러 용도로 사용된다. 정제된 하얀 색의 팜유는 라면 면발을 튀기거나 각종 과자나 빵에 들어간다. 이러한 팜유를 가리켜 팜 쇼트닝이라고 부른다. 또한 다양한 구이 요리나 튀김 요리에서 팜유가 널리 사용된다.

코코넛 오일과 함께 팜유는 몇 안 되는 고도로 포화된 식물성 지방 중 하나이며 실온에서 반고체의 형상을 지닌다. 팜유는 아프리카와 동남아시아 및 브라질의 열대 지역에서 흔히 사용되는 식용유다. 가격이 싸고 튀김에 사용할 때 정제된 제품의 산화 안정성(포화도)이 높기 때문이다. 2015년 기준 전 세계에서 1년 동안 사용한 팜유의 양은 7.7킬로그램/명으로 추정된다. 팜유는 현대 문명의 상징인 인스턴트 식품들을 요리할 때 대부분 들어가므로, 인스턴트 식품들의 혈액과 같다고 할 수 있다.

식용 이외의 용도

팜유는 식용 아닌 용도로도 많이 쓰인다. 거의 모든 비누와 샴푸와 세제와 로션에 들어가는 발포제 역시 팜유에서 비롯되었다. 다시 말해 팜유가 없으면 오늘날 현대 문명에서 사람들의 위생과 청결을 책임지는 각종 미용 제품들을 만들 수 없다.

팜유는 바이오디젤 연료를 생산하는 데도 사용된다. 세계 최대의 팜유 바이오디젤 생산 시설은 핀란드에서 5억 5000만 유로를 싱가포르에 투자하여 만든 네스트오일Neste Oil 공장으로 2011년에 연간 80만 톤을 생산하였다. 이 네스트오일 공장은 말레이시아와 인도네시아에서 수입된 팜유로부터 수소첨가탈산소 바이오디젤을 생산한다. 그밖에도 동남아에서 유럽으로 수출되는 팜유의 상당량이 바이오디젤로 전환된다.

팜유는 쓰임새가 매우 많기 때문에 세계 각지에서 생산량이 더욱 늘어나고 있다. 2019년에 세계에서 생산된 팜유의 양은 7350만 미터톤이었으며, 2050년까지 2억 4000만 미터톤으로 더 늘어갈 것으로 예상된다.

하지만 팜유 생산 이면에는 어두운 구석도 많다. 우선 더 많은 양의 팜유를 생산하기 위해 그만큼 야자나무를 많이 심어야 하는데, 그러려면 기존에 있던 숲을 불로 태우거나 기계로 베어내 없애야 한다. 전 세계 최대의 팜유 생산국인 인도네시아와 그 뒤를 이은 말레이시아에서는 팜유 생산을 위해 매년마다 숲이 없어지고 있는데, 이는 희귀한 동식물의 멸종 위기를 부른다고 하여 그린피스를 비롯한 환경단체로부터 비판을 받고 있다.

아울러 팜유를 생산하는 대기업들은 동남아 현지의 원주민들한테 적절한 보상을 해주지 않고 심지어는 어떠한 협의도 없이 마음대로 땅을 차지하고 공장을 짓기 때문에 원주민들과 심한 갈등을 빚고 있다. 여기에 팜유 공장이나 야자나무 농장에서 일하는 노동자들의 상당수가 농장에 뿌려지는 살충제를 그대로 맞아가며 일하느라 피부암 같은 위험한 질병에 시달린다.

최근 들어 전 세계적으로 논란을 불러일으키고 있는 기후 변화 현상에 있어서도 팜유는 사태를 악화시키는데 일조하고 있다. 바이오디젤로 팜유를 사용하면 화석 연료를 사용할 때보다 3배나 많은 양의 탄소가 발생하기 때문이다.

낮은 가격과 높은 생산성 때문에 지금까지 팜유는 여러 분야에서 자주 쓰였지만, 지구의 환경과 미래를 생각한다면 더 나은 방법을 찾아야 할 때가 아닌가 싶다.

30 / 코코넛 기름

태평양 섬나라들의 석유

우리가 생각하는 열대의 이미지에서는 드넓고 푸른 바다 위 섬의 하얀 백사장과 그 위에 솟아난 나무에 매달린 코코넛 열매가 빠지지 않는다. 하지만 코코넛 열매는 단순히 열대 분위기를 만드는 장식물이 아니라, 사람의 생활에 쓸모 있는 기름을 제공해주는 훌륭한 식물이다.

건식 또는 습식

코코넛 열매에서는 식용 코코넛 기름을 추출할 수 있다. 코코넛 기름은 하얀 색의 고체 지방으로 약 25도의 따뜻한 온도에서 녹고, 이보다 더 뜨거운 온도에서는 기름막 두께가 얇고 투명한 색을 띤 액체 기름이 된다.

코코넛 기름을 추출하는 과정은 크게 습식과 건식으로 나뉜다. 코코넛 기름을 완전 습식 공정으로 추출하려면 말린 코코넛이 아니라 생 코코넛에서 추출한 코코넛 밀크를 사용해야 한다. 코코넛 밀크의 단백질은 기름과 물의 혼합물을 만드는데, 이 혼합물을 분해하여 코코넛 기름을 짜낸다.

코코넛 기름과 그의 원료인 코코넛 열매.

열대 지방에서 코코넛 기름을 만드는 전통적인 방법은 솥에 코코넛 열매를 넣고 오랫동안 끓여서 기름을 추출해내는 것이었다. 하지만 이 방법은 애써 짜낸 기름의 색깔과 맛이 쉽게 변해 그다지 효율적이지 못했고, 오랜 시간과 돈을 들여야 했기 때문에 경제적이지도 못했다. 그래서 현대에는 원심분리기, 냉기, 열, 산, 염, 효소, 전기 분해, 충격파, 증기 증류 또는 이들의 조합을 포함한 다양한 기술을 도입하고 있다.

그러나 다양한 기술 발전에도 불구하고 습식 가공은 부패 및 해충으로 인한 손실이 발생하기 때문에 하나의 코코넛 열매에서 뽑아낼 수 있는 기름의 양이 열매 무게의 10~15퍼센트에 그쳐서 건식 가공보다 비효율적이다. 습식 가공은 장비와 에너지에 대한 투자도 필요하므로 운영 비용이 많이 발생한다.

건식 가공은 코코넛의 하얀 과육을 껍질에서 분리하고 불 또는 햇빛과 가마를 사용하여 코코넛 기름을 짜내는 방식이다. 이때 코코넛 열매는 압착되거나 용매로 용해되어 코코넛 오일과 고단백,

고섬유질 찌꺼기를 생산한다. 고섬유질 찌꺼기는 인간이 먹기에는 부적합하다. 소나 돼지 같은 가축들의 사료로는 먹인다.

정제, 표백 및 탈취가 된 코코넛 기름은 일반적으로 말린 코코넛 열매로 만들어지며, 이를 가열된 수압 프레스 기계로 눌러 기름을 추출한다. 코코넛 건조 중량의 60퍼센트에 해당하는 존재하는 거의 모든 오일을 추출한다.

일반적으로 무게가 약 1440킬로그램인 성숙한 코코넛 1000개는 약 170킬로그램의 코프라(코코넛의 말린 알맹이)를 생산하며 이중 약 70리터의 코코넛 기름을 추출할 수 있다. 덜 익은 코코넛으로 만든 코프라는 작업하기가 어려우며 낮은 수율로 인해 열등한 제품을 생산한다.

아시아 태평양 코코넛 공동체

정제되지 않은 코코넛 기름에서는 독특한 향기가 난다. 코코넛 기름은 주로 식용유의 일종으로 사용된다. 코코넛 기름은 열대 기후인 동남아 지역에서 오랫동안 요리에 사용되었는데, 특히 스리랑카 요리에서 짭짤한 맛과 달콤한 맛을 내는 볶음과 튀김을 할 때 많이 들어간다. 태국 요리에서도 코코넛 기름은 중요한 조미료 역할을 했다.

코코넛이 자라는 열대 기후를 가진 18개 나라들은 일명 아시아 태평양 코코넛 공동체APCC라는 기구를 결성하고 있는데, 이 나라들 중에서 코코넛 기름을 가장 많이 생산하는 나라는 필리핀과 인 도네시아다. 두 나라는 전 세계 코코넛 기름의 67퍼센트를 생산하 며, APCC에 가입된 나라들이 2018년 기준 전 세계 코코넛 기름 생산량 330만 톤 중 약 90퍼센트를 생산한다.

그런데 미국 식품의약국, 세계보건기구 등 많은 건강 관련 기관은 포화 지방이 높다는 이유로 코코넛 기름 섭취를 권장하지 않는다. 식품 회사들의 선전과는 달리 코코넛 기름이 버터나 팜유에 비해 건강에 더 좋다는 과학적인 분석은 나온 게 없다. 코코넛 기름에는 콜레스테롤 수치를 높이는 포화 지방인 라우르산이 많이 포함되어 있다. 물론 라우르산 섭취가 총 혈중 콜레스테롤 수치를 더 좋게 만들 수 있지만, 코코넛 기름의 지속적인 섭취는 심혈관 질환의 위험을 실제로 증가시킬 가능성도 있다.

코코넛 기름은 디젤 엔진의 연료로 사용되는 바이오디젤의 공급 원료로 쓰인다. 필리핀, 바누아투, 사모아 및 여러 열대 섬 국가에서는 코코넛 기름을 자동차와 트럭과 버스에 휘발유 대신 연료로 사용한다.

코코넛 기름은 비누를 만드는 데 중요한 성분으로 쓰인다. 코코넛 기름으로 만든 비누는 딱딱하지만 다른 기름으로 만든 비누보다 물에 더 잘 녹기 때문에 쉽게 거품을 많이 낼 수 있다는 장점이 있다.

31 / 쌀눈 기름

콜레스테롤 잡는 건강 증진 비결

현미 같은 쌀의 눈에서 채취하는 이른바 쌀눈 기름은 그동안 거의 사용되지 않았으나, 최근 콜레스테롤과 혈압을 낮추어 당뇨병 증상을 완화시키고 체중을 줄여주는 효과가 있다고 밝혀졌다.

한민족과 쌀

쌀(벼)은 한민족과 오랜 세월을 함께한 식물이다. 아득히 먼 옛날인 기원전 2000년의 전라남도 나주 영산강 지역 쌀 유적이 발견된 것에서 알 수 있듯, 쌀은 한국인의 삶과 역사에서 떼어놓을 수 없을 만큼 중요하다. 한민족이 쌀을 중시한 것은 그럴 만한 이유가 있었다. 좁은 영토에 비해 인구밀도가 높아서 그만큼 먹여 살릴 인구가 많던 한반도에서는 서양처럼 넓은 목초지에 소나 양 같은 가축 떼를 풀어서 키우는 게 거의 불가능했다. 또한 밀을 재배하는 것도 어려웠다. 여름에 덥고 습한 기후가 지속되는 한반도에서는 밀이 제대로 자라지 않았기 때문이다. 게다가 밀은 배가 부를 만큼의 양을 생산하기 어렵다는 치명적인 단점이 있었다.

그에 비해 쌀은 좁은 면적에서도 논농사를 통해 많은 양을 수확

서구에서도 쌀눈 기름이 건강에 좋다는 소문이 나서 점점 인기가 높아지고 있다.

할 수 있었다. 같은 면적에서 농사짓는다고 할 때 밀보다 3배나 높은 칼로리를 생산했기에 서양에서처럼 고기를 함께 먹어야 영양소가 보충이 되는 밀보다 훨씬 영양가가 높았다.

하지만 이렇게 쌀에 대한 애착이 남다르면서도 정작 한국인들은 쌀에 어떤 영양소가 포함되었으며 얼마나 인체에 효능이 있는지에 대해서는 그리 주목하지 않았다. 심지어 1970년대에는 부족한 쌀을 아껴야 한다며 쌀을 먹으면 몸에 온갖 병이 생겨 죽는다는 둥 국민들을 상대로 정부가 공포심을 부추기는 선전을 하기도 했었다.

2000년대에 들어서면서 비로소 쌀에 포함된 영양소의 효능에 대해서 과학적인 접근이 이루어지고 있는데, 그중 하나가 바로 쌀의 윗부분인 이른바 쌀눈에서 추출하는 기름이다.

쌀눈의 놀라운 효능들

쌀눈 기름은 쌀눈이 많이 포함된 현미에서 주로 채취된다. 현미를 도정하여 만드는 백미는 도정 과정에서 쌀눈 부위가 대부분 훼손되어 거의 나오지 않는다. 그렇기 때문에 쌀눈 기름을 복용하려는 사람은 현미밥을 먹거나, 쌀눈 기름을 별도로 사서 복용하는 편이 낫다. 요즘은 현미밥과 쌀눈 기름을 손쉽게 살 수 있다.

쌀눈 기름에는 감마 오리자놀 성분이 포함되어 있는데, 이는 사람의 혈관 안에 산소의 공급량을 늘려서 그만큼 혈액이 사람의 몸을 더욱 활발하게 돌아다니게 한다. 사람의 몸에 피가 안 돌면 동맥경화에 걸려 돌연사를 할 위험성이 높아지는데, 쌀눈 기름은 그 위험을 미리 방지해주는 효과가 있다.

쌀눈 기름에는 가바 성분도 포함되어 있는데, 가바가 감마 오리자놀과 만나면 몸에 쌓인 콜레스테롤을 몸 밖으로 배출하는 효능을 발휘한다. 그래서 비만 증세가 심한 사람들이 쌀눈 기름을 복용하면 콜레스테롤이 배출되어 그만큼 몸무게가 줄어드는 효과를 기대할 수 있다.

아울러 내장 지방이라고 하여 배 부위만 불룩하게 살이 찌는 증세를 많은 한국인 남성들이 앓고 있는데 이럴 때 쌀눈 기름이 유용하게 사용된다. 또한 햄버거와 피자, 소시지와 햄 같이 패스트푸드와 붉은 색 육류를 많이 섭취하는 사람들일수록 몸에 그만큼 콜레스테롤이 쌓여 혈관 건강이 나빠지는데, 이 경우 쌀눈 기름을 섭취하면 혈관에 쌓인 콜레스테롤의 양을 줄여주어 건강을 좋게 만드는 효과를 가져온다.

쌀눈 기름에는 리놀레신과 비타민B1과 B2, 필수아미노산 성분이 많이 포함되어 있다. 이들 영양소는 피부의 노화를 막아주면서 피로를 줄여주고 치명적인 암세포가 자라지 못하도록 막는 효과도 지닌다.

나이 든 사람들은 혈압이 높아져 특히 추운 겨울날 혈관이 터지거나 뇌출혈에 걸려 사망할 위험성이 상대적으로 높다. 쌀눈 기름에는 혈압을 낮춰주는 효능도 포함되어 있기에, 노인들한테 매우 유익한 식품이라고 할 수 있다.

32 / 삼씨기름

대마가 준 선물

삼의 씨를 기계로 강하게 누르면 기름이 나오는데, 이것을 가리켜 삼씨기름 혹은 대마유大麻油라고 부른다. 대마라고 하는 말에서 혹시 마약의 일종인 대마초를 떠올렸는가? 그렇다. 대마초의 원료가 바로 삼이다.

건강에 좋은 삼의 씨앗 기름

하지만 대마초라는 단어에 담긴 이미지 때문에 부정적인 내용들을 떠올릴 필요는 없다. 삼은 우리한테 여러 가지 좋은 선물을 주는 유익한 식물이기 때문이다.

우선 삼의 줄기에서 채취하는 섬유로 옷감을 만들 수 있는데, 그것이 바로 삼베다. 삼베로 만든 옷은 바람이 잘 통해서 무더운 여름에 무척이나 시원하다. 우리 조상들도 일찍부터 즐겨 입었다. 지금도 무더운 여름이 되면 일부러 찾는 사람들이 있다.

삼의 씨를 강하게 누르면 기름의 일종인 대마유가 나온다. 대마유는 여러 산업에 쓰이며, 사람의 몸에도 매우 유익한 건강 식품이다.

삼의 씨에서 곧바로 채취한 삼씨기름(대마유)은 어둡거나 맑은 연녹색을 띠고 마치 견과류 같은 냄새가 나며,

삼씨기름. 대마초의 원료인 대마에서 뽑아낸 기름이다.

먹어보면 마치 풀 같이 씁쓸한 맛이 난다. 이런 삼씨기름을 정제하면 무색 투명하며, 거의 아무런 맛도 나지 않게 된다.

삼씨기름은 윤활유, 페인트, 잉크, 연료 및 플라스틱을 만드는 데 들어간다. 또한 사람의 몸에 바르는 비누와 샴푸 및 빨래 세제를 만드는 데 들어간다. 오늘날 현대 문명의 혈액 중 하나라고도 할 수 있다.

보통 하나의 삼씨는 전체 무게의 49퍼센트가 기름으로 구성되어 있으며, 이를 짜내어 만든 삼씨기름은 전체의 76퍼센트가 고도 불포화 지방을 함유하고 있다. 여기에는 리놀레산(54퍼센트)과 감마-리놀렌산(3퍼센트) 같은 오메가-6 지방산도 포함되어 있다. 또한 삼씨기름은 단일 불포화 지방 5~11퍼센트와 포화 지방 5~7퍼센

트를 함유하고 있다.

삼씨기름은 포화 지방이 적고 고도 불포화 지방이 풍부하여 인체에 매우 좋은 효능을 가진 기름이다. 다만 삼씨기름은 끓어오르는 발연점이 올리브유나 포도씨유보다 낮아서 튀김 요리에는 적합하지 않다. 그래서 삼씨기름은 튀김보다 낮은 온도로 조리하는 볶음이나 샐러드에 넣는 기름으로 많이 사용된다.

삼씨기름은 사람의 이뇨 작용을 돕는 효능도 갖고 있기 때문에 적절한 양을 먹으면 대변과 소변을 원활하게 만들어서 변비로 고통을 받는 사람들한테 좋은 치료약이 되기도 한다.

대마의 환각성 마약 작용

그러나 여러 가지의 효능을 가진 삼씨기름도 단점이 있는데, 바로 대마초로 대표되는 환각성 마약 작용이다. 오늘날 많은 나라들에서 대마초의 원료인 삼 재배에 엄격한 규제를 가하는 이유는 삼에 향정신성 성분인 테트라히드로칸나비놀THC이 포함된 탓이다. 이 THC가 사람으로 하여금 환각을 보게 만드는 대마초의 원료다.

물론 삼씨기름을 생산하는 세계 각지의 공장들에서는 대마에 포함된 THC를 제거하기 위해 대마씨를 기계로 눌러 압착하기 전에 99.99퍼센트까지 물로 깨끗이 세척하는 과정을 반드시 거친다. 그런데 이 과정에서 대마 물질이 씨 표면에 붙을 때 삼씨기름에서 미량의 THC가 발견될 수 있다고 한다. 실제로 세척 과정을 제대로 하지 않은 삼씨기름을 먹으면 환각을 보는 일이 발생할 수도 있다고 알려졌다.

인체에 해로운 THC의 양이 어느 정도인지에 대해 나라마다 기준이 다르다. 예를 들어, 캐나다에서는 10ppm으로 기준을 두는데 유럽 국가들에서는 5ppm으로 제한을 하거나 아예 그런 제한을 두지 않는 경우까지도 있다. 한국인이 외국에서 삼씨기름을 구입할 때는 잘 살펴볼 필요가 있다.

33 / 아마기름

스스로 불이 붙는다

삼베의 원료가 되는 식물인 대마와 친척뻘인 아마亞麻를 가지고 인간은 오래전부터 그 줄기의 섬유를 이용하여 리넨Linen이라 불리는 고급 직물을 만들었다. 아마의 씨를 말려서 압착하면 기름을 뽑아낼 수 있는데, 이를 아마기름이라고 부른다.

16세기 유럽에 등장하다

아마기름은 아마의 건조되고 익은 씨앗에서 얻은 무색 혹은 노란색을 띤 기름이다. 아마기름은 압착을 통해 얻을 수 있고 때로는 용매를 이용해 추출할 수 있다. 건성유로 중합하여 고체 형태로 만들 수도 있다.

아마기름은 오메가3 지방산의 공급원으로서 건강 보조 식품으

로 수요가 많다. 유럽
에서는 전통적으로 아
마기름을 감자와 쿼크
Quark에 곁들여서 먹는
다. 셋의 조합은 진미로
간주된다.

아마기름의 원료인 아마와 씨는 리넨의 원료다.

쿼크는 신 맛이 나는
우유를 어느 정도 굳어질 때까지 데운 다음 걸러서 만든 일종의 유
제품으로 산성 경화 치즈의 일종이다. 쿼크는 일반적으로 부드럽
고 하얀 색을 띠며, 숙성되지 않아 소금이 들어가지 않는다. 쿼크
는 발트해를 중심으로 하는 북유럽과 동유럽 지역 전통 요리다.

유럽에 감자가 전해진 건 아무리 빨라도 스페인이 감자의 원산
지인 페루를 정복한 서기 16세기 중엽 이후다. 그러니 아마 과거
유럽에서는 감자 없이 쿼크와 아마기름만 곁들여 먹었을 것이다.
이는 다른 유럽의 요리들도 마찬가지였다. 오늘날 영국인들이 즐
겨 먹는 요리인 피쉬앤드칩스도 감자가 유럽에 전해진 16세기 중
엽 이전까지는 그저 생선만 기름에 튀겨서 먹었던 것으로 추정된
다.

일반적으로 아마기름은 냉장 보관하지 않는 한 쉽게 산화되고
빠르게 산패되어 불쾌한 냄새가 난다. 식품 등급의 아마기름은 산
소가 없는 상태에서 용매 추출 없이 얻은 냉압착으로 만들어진다.
신선한 아마기름은 유럽에서 영양 보충제로 사용되었으며 견과류

맛이 난다.

아마기름은 다른 지방과 마찬가지로 트리글리세리드 성분을 가지고 있다. 아마기름은 공기 중의 산소와 만나면 독특한 반응을 일으키는 α-리놀렌산이 많다는 점에서 독특하다. 구체적으로 아마기름의 지방산은 α-리놀렌산(51.9~55.2퍼센트), 포화산인 팔미트산(약 7퍼센트)과 스테아르산(3.4~4.6퍼센트), 단일 불포화 올레산(18.5~22.6퍼센트), 이중 불포화 리놀레산(14.2~17퍼센트) 등으로 구성되어 있다.

원메리디안플라자에 불이 난 이유는?

이중 및 삼중 불포화 에스테르 함량이 높은 아마기름은 특히 건조한 날씨에서 공기 중의 산소에 노출되면 중합 반응을 일으켜, 불이 붙을 위험성이 높아진다. 아마기름이 산화되면 발열 현상으로 인해 저절로 불이 난다. 1991년 미국 필라델피아의 고층 건물인 원메리디안플라자가 화재로 심각한 피해를 입었는데, 그 원인이 아마기름이 묻은 누더기로 추정된다. 그런 이유로 아마기름이 들어간 유성 페인트 같은 제품들은 밀폐된 용기에 보관된다.

여담이지만 19세기 미국과 유럽에서는 이른바 '자연 발화 현상'이라고 하여 사람이 가만히 앉아 있거나 침대에 누워 잠을 자고 있는데 갑자기 불이 나 사람의 몸이 모두 타버리는 기이한 사건들이 잇달아 일어났다. 아직까지 그 원인을 찾지 못해 미스터리로 남아 있는데, 혹시 아마기름이 옷에 묻어 있다가 건조한 기후에서 저절로 불이 붙었던 것은 아닐까?

아마기름은 유성 페인트에 들어간다. 아마기름이 함유된 유성 페인트는 그렇지 않은 페인트들보다 더 선명하며 광택을 띤다. 실제로 미술 평론가들은 아마기름이 페인트에 들어가면서 유화 기술이 이전보다 훨씬 발전했다고 평가한다.

아마기름은 목재 마감재로 사용된다. 사용할 경우 목재가 천천히 건조되고 경화할 때 수축이 거의 없다. 아마기름은 목재의 표면에 존재하는 아주 미세한 구멍에 스며들어 압축에 의해 나무가 찌그러지는 것을 보호해준다.

당구장에서 사용되는 당구대는 아마기름으로 코팅된 목재로 만들어진다. 아마기름이 당구대의 윤활제 역할을 하면서 더 오랫동안 보존되도록 하기 때문이다.

아르간 기름은Argan oil은 북아프리카 서부 모로코 고유의 나무인 아르간Argan의 낟알에서 나오는 식물성 기름이다. 모로코에서는 아침에 빵을 찍어 먹거나 쿠스쿠스와 파스타에 뿌려서 먹는 용도로 쓴다.

여러 가지 용도의 기름

쿠스쿠스는 북아프리카 요리 중 하나인데, 밀가루를 반죽한 덩어리 위에 채소와 고기를 쪄서 만든 스튜를 올려 먹는 음식이다. 밀가루 말고 수수나 다른 곡물로 반죽할 수 있다. 쿠스쿠스는 북아프리카의 이슬람교 신자들이 주식으로 즐겨 먹는데, 그들이 이민을 간 프랑스에서도 인기가 있다. 쿠스쿠스는 2020년에 유네스코가

선정한 무형문화유산 목록에 등재
되었다.

아르간 기름을 추출하는 모로코 여성. 모로코에서 아르간 기름을 만드는 일은 여성들이 담당했다.

　아르간 기름은 모로코인들에게
오랜 기간 사랑받고 있다. 아르간
기름은 대부분 지방산으로 구성되
어 있다. 올레산 42.8퍼센트, 리놀
레산 36.8퍼센트, 팔미트산 12.0퍼
센트, 스테아르산 6.0퍼센트, 리놀
렌산 0.5퍼센트로 구성되어 있다.

　아르간 기름에는 토코페롤(비타민E), 페놀, 카로틴, 스쿠알렌 및
지방산(80퍼센트 불포화)이 포함되어 있다. 아르간에서 기름을 추출하
는 방법에 따라 올리브 기름보다 산화에 더 강할 수도 있다.

　모로코에서는 볶은 아몬드를 갈아서 아르간 기름과 꿀을 섞어
마치 미국의 땅콩버터와 비슷하게 만든 후에 빵에 발라 먹기도 하
는데, 이를 암루Amlu라고 한다.

　아르간 기름은 화장품 등 미용 분야에서도 사용된다. 특히 립글
로스나 샴푸와 비누 같은 피부에 닿는 제품들에 아르간 기름이 포
함된다.

　아르간 기름을 추출하는 원자재인 아르간 나무의 열매는 작은
원형 또는 타원형의 모습을 하고 있다. 아르간 열매는 두꺼운 껍질
이 육질을 뒤덮고 있으며, 이 껍질은 아르간 열매 무게의 약 25퍼
센트를 차지한다.

아르간 열매에서는 알갱이에 있는 기름의 30~50퍼센트가 추출된다. 아르간 기름 1리터를 생산하려면 약 40킬로그래의 말린 아르간 열매가 필요하다. 일부 지역에서는 열매를 말리지 않고 기계를 사용하여 과육을 제거한다. 기계가 없었던 근대 이전에는 일일이 사람의 손으로 과육을 다 제거했는데, 꽤 단단해서 무척이나 힘들었다.

모로코 사람들은 아르간 열매의 과육을 동물한테 먹이는 사료로도 쓰는데, 염소를 아르간 나무에 올라가게 한 다음 마음껏 아르간 열매를 따먹도록 시키는 전통이 있다. 그러면 염소가 열매의 난알(작은 씨)을 배설해 버리는데, 이것을 나중에 사람들이 손으로 회수하여 오물들을 제거한 다음 기계에 넣고 아르간 기름을 추출해 낸다.

아르간 기름의 추출 방법은 여러 가지다. 기름을 만드는 데 사용할 아르간 열매의 알갱이를 부드럽게 볶은 다음 알갱이가 식으면 노동자들이 기계에 넣고 돌려 갈아서 압착하기도 한다. 그러면 순수하고 정제되지 않은 갈색의 아르간 기름이 추출되며, 이런 기름을 용기에 따라낸 후에 2주일 동안 그대로 두면 불순물이 바닥에 가라앉고 위에는 더욱 맑고 순수하여 거의 투명하게 보이는 아르간 기름이 남는다.

다만 이렇게 순수한 아르간 기름을 추출하는 과정이 어렵고 비용이 많이 들기 때문에, 아르간 기름에 해바라기씨 기름 같은 다른 기름이 섞여 들어가기도 한다. 2012년에 모로코 정부는 해외로 수출되는 아르간 기름들을 무작위로 골라서 순도를 시험하기 시작했다. 가짜가 아르간 기름의 명성에 해를 끼칠까봐 내린 조치였다.

아르간 기름이 건강과 미용에 좋다는 소문 때문에 2003년부터 미국에서 아르간 기름이 들어간 화장품들의 판매 수요가 늘어났고, 그에 따라 모로코에서도 아르간 기름의 생산량이 늘어났다. 모로코 정부는 아르간 기름의 생산량을 2012년 기준 2500톤에서 2020년 4000톤으로 늘릴 계획이라고 발표했다.

여성들의 노동으로 짜내는 기름

현재 모로코에서는 아르간 기름의 생산에 약 220만 명이 고용되어 일자리를 얻고 있다. 아르간 기름의 대부분은 모로코의 여러 여성 협동조합에서 만들어진다. 여성 협동조합에서 일하는 여성들은 아르간 열매의 씨앗을 수확하는 업무를 담당하는데, 그녀들 대부분은 북아프리카의 토착민인 베르베르 부족 출신으로 대대로 오랫동안 아르간 열매를 수확하는 전통 기술을 전수받았다.

여성 협동조합에서 일하는 여성들은 아르간 열매를 수확하는 대가로 월급을 받고, 그 돈을 자신이나 자녀들을 위한 교육비로 사용했다. 이는 전통적으로 남성들이 지배해온 모로코 사회에서 여성들한테 자율성을 제공하고 그녀들 스스로의 권리를 잘 인식할 수 있도록 도왔다.

그러나 많은 여성들이 아르간 열매의 수확을 위해 거의 하루 종일 힘든 일을 하고 있음에도 불구하고 받는 월급은 보통 221달러 (한국 원화로 대략 24만 원)인데, 이 돈은 모로코의 최저 임금보다도 낮다. 뿐만 아니라 아르간 기름을 판매하는 일부 회사들은 직원들한테 임금을 제대로 주지 않아서, 직원들이 관광객들한테 직접 아르간 기름을 팔아 생활비를 벌고 있다. 그런데도 여전히 아르간 기름 관련 분야에서 일하려는 여성들의 수가 많은데, 이는 모로코에서 일자리를 구하기가 어렵기 때문이다.

35 / 상어간유

검증된 적 없는 건강 보조 식품

1990년대까지 한국에서는 상어의 간에서 짜낸 기름을 가공하여 만든 약인 스쿠알렌이 내장 기관에 좋은 만병통치약이라는 광고가 버젓이 TV에서 방송되었다. 스쿠알렌은 당시 꽤 인기 있는 상품이었다. 사실 그보다 한참 전부터 이미 상어의 간에서 짜낸 상어간유가 건강에 좋다는 소문이 자자했다.

《노인과 바다》 산티아고의 건강식

미국의 작가 헤밍웨이가 1952년에 발표한 소설 《노인과 바다》를 보면, 주인공 어부 산티아고가 상어의 간에서 짜낸 기름을 마시며 건강을 유지한다. 산티아고는 마을의 어부들이 고기를 잡는 데 쓰는 여러 가지 도구들을 보관하는 오두막집으로 가서 드럼통에 담

상어간유는 돌묵상어 같은 심해에 사는 상어들의 간에서 추출한다.

긴 상어간유를 매일 한 잔씩 마신다. 다른 어부들은 상어간유의 맛을 별로 좋아하지 않았다. 하지만 못 먹을 만큼 맛이 아주 나쁜 것은 아니었다. 상어간유가 감기와 독감에 좋은 약일뿐더러 시력에도 매우 좋다는 것이 산티아고의 지론이었다.

서양에서는 상어간유가 몸에 좋다는 믿음이 오래전부터 전해져 내려왔고, 민간요법에 따라 질병에 걸렸을 때 상어간유를 마셨다. 오늘날까지도 서양에는 상어간유가 암, 에이즈, 방사선 피폭, 돼지 독감이나 감기를 낫게 한다는 주장을 사실로 여기는 사람들이 많으며, 그런 이유로 여전히 건강 보조 식품으로 사용되고 있다.

그러나 미국 의학계에서는 상어간유가 사람의 몸에 좋다는 주장이 검증되지 않은 허무맹랑한 믿음이라고 간주하고 있으며, 환자한테 상어간유를 약물로 처방하지 않는다. 상어간유와 상어간유가 포함된 건강 보조 식품인 스쿠알렌은 암을 치료한다고 홍보되지만, 상어간유나 스쿠알렌 등이 암을 확실하게 치료한다는 사실이 과학적으로 검증된 바는 없다. 오늘날 대부분의 상어간유는 건강 보충제로 사용되지만, 상어간유가 과연 사람의 몸에 얼마만큼 좋은지에 대해 정확하게 단언하기는 어렵다.

효능은 아직 미지수

상어간유를 마신 사람들 중에서 일부는 메스꺼움, 위장 장애 및 설사와 같은 증상을 앓는다는 사실도 밝혀졌다. 이는 상어간유에 사람의 몸에 해로운 독성이 어느 정도 포함되었음을 증명한다. 그렇기 때문에 상어간유가 몸에 좋다는 소문만 믿고 무작정 잔뜩 복용했다가는 오히려 인체에 독성이 쌓여 건강을 이전보다 더 망칠 수도 있으니 주의해야 한다.

일부 동물 연구에 따르면 상어간유가 혈중 콜레스테롤 수치를 높일 수도 있다. 일본 학계에서의 연구에 의하면 상어간유로 만든 일부 건강 보충제가 폴리염화비페닐PCB 및 폴리브롬화디페닐에테르PBDE로 오염된 것으로 나타났다. PCB는 인간에게 해로운 영향을 미칠 수 있으며 암 위험을 증가시킬 수 있다. 아울러 해산물 알레르기가 있는 사람은 상어간유에 알레르기 반응을 일으킬 수도 있다.

물론 상어간유에 포함된 효능 중 일부 검증된 것도 있다. 바로 습진이나 치질을 상어간유가 치료할 수 있다는 점이다.

일반적으로 상어간유는 깊은 바다 속에 사는 심해 상어에게서 채취한다. 심해 상어의 간은 전체 몸무게의 5~10퍼센트를 차지하고 기름을 많이 함유하고 있어서 사람들로부터 표적이 된다. 특히 돌묵상어의 간유가 가장 효과가 탁월하다고 알려져 있다. 그런 이유로 돌묵상어는 집중적으로 남획되어 오늘날 멸종 위기에 처한 상태이다.

그런데 서양에서는 왜 상어간유가 건강에 좋다는 인식을 갖게 됐을까? 여기에는 상어의 특징이 중요하게 작용했다. 일반적으로 많은 물고기는 부레로 부력, 즉 물 위에 뜨는 힘을 유지한다. 하지만 상어는 부레가 없고 기름으로 가득 찬 큰 간으로 부력을 유지한다. 간의 힘으로 상어가 바다를 헤엄치니, 상어간유는 강력한 체력의 원천이 된다는 믿음이 생긴 것이다. 상어의 간에 저장된 기름이 상어가 먹이를 제대로 먹지 못할 때 몸에 영양소를 공급해주는 것은 사실이다.

버뮤다 제도의 주민들의 민간 신앙에서는 폭풍 같은 나쁜 날씨를 예측할 때 상어간유를 넣은 병을 집 대문 밖에 매달아 놓고 병 속 간유가 맑으면 날씨가 좋고 흐리면 날씨가 나쁘다고 예상했다고 한다. 과학적으로는 입증되지 않았다.

바이킹과 바스크족

대서양과 태평양 등지에 분포하는 대구는 최대 길이 1미터의 큰 생선으로, 맛이 담백해서 옛날부터 식재료로 사랑을 받아왔다. 그런데 대구가 사람한테 주는 혜택에는 살코기뿐 아니라 간에서 짜내는 기름인 간유도 있다.

바이킹의 발명

대구의 간에서 추출하는 기름인 대구 간유는 다른 종류의 생선들에서 추출하는 기름인 어유와 마찬가지로 오메가-3 지방산인 에이코사펜타엔산EPA과 도코사헥사엔산DHA, 비타민A와 비타민D를 포함하고 있다. 이 중에서 특히 비타민D가 중요하다. 사람의 몸에 비타민D가 부족하면 다리 뼈와 척추가 휘어지는 구루병에 걸리기

과거 서구에서는 대구 간유가 뼈에 좋다는 소문이 나서 부모들이 자녀들한테 억지로 먹이기도 했다.

때문이다. 그래서 서양에서는 부모들이 아이들한테 억지로 대구 간유를 먹이는 일이 흔했다. 식용으로 쓰이는 대구 간유는 옅은 갈색을 띠면서 부드러운 맛을 낸다.

오랫동안 사람들이 하도 많이 대구를 잡아서 지금은 그 수가 많이 줄어들었지만, 중세 시절만 해도 유럽에는 대구가 무척 흔했다. 그래서 유럽인들은 대구를 가지고 수많은 요리를 해 먹었고 대구의 간에서 기름을 추출하여 식용 및 기타 다른 용도로 사용했다. 역사상 최초로 대구 간유를 만든 건 스칸디나비아 반도가 고향인 바이킹이었다.

흔히 바이킹이라고 하면 배를 타고 바다를 누비면서 살인과 약탈을 저지르는 해적을 떠올리지만, 기본적으로 바이킹은 농사와 고기잡이를 하며 살았다. 이들이 살던 스칸디나비아 반도는 유럽의 북쪽 끝에 있어서 기후가 무척 춥고 서늘했는데, 바이킹들은 먹을 것에 까다롭지 않았다. 살기 위해서라면 거칠고 딱딱한 호밀부터 사나운 북극곰 고기에 이르기까지 먹을 수 있는 것이라면 뭐든지 입에 넣어야 했기 때문이다. 그중 하나는 바로 대구 간유였다.

바이킹은 물을 담은 주전자 위에 자작나무 가지를 올려놓고 몸속에서 갓 꺼낸 신선한 대구의 간을 얹은 다음 끓였다. 뜨거운 열과 증기가 올라오면 간이 달아오르면서 주전자에 담긴 물 위로 기름이 떨어지게 하였다. 그렇게 해서 주전자에 담긴 물 위에 대구

바이킹의 평화로운 일상을 묘사한 페로제도의 우표.

간 기름이 가득 쌓이게 하는 방법으로 바이킹은 신선한 생 대구 간 유를 생산해냈다.

그러다가 19세기에 들어 유럽에서 산업 혁명이 시작되자, 대구 간유는 공업용 기계에 들어가는 윤활유로 널리 쓰이며 인기를 얻었다. 이때는 일일이 한 방울씩 기름을 빼낼 여유가 없다보니, 아예 나무나 쇠로 만든 커다란 통 안에 대구를 집어넣고는 푹 발효시킨 후 기름을 걷어내는 방식으로 간유를 생산했다고 전해진다. 다만 이렇게 해서 만들어진 대구 간유는 짙은 갈색이었고 맛이 그다지 좋지 않아서 먹기 싫어하는 사람도 많았다.

19세기에는 대구 간유가 구루병에 효과가 있다는 사실이 밝혀지면서 마시는 약으로 큰 인기를 끌었다. 당시 옅은 갈색과 짙은 갈색의 대구 간유가 모두 약으로 팔렸는데, 공장에서 대량 생산하는 짙은 갈색의 대구 간유가 싸서 더 많이 팔렸다.

두 대구 간유 중에서 어느 쪽이 더 건강에 좋은지를 두고 당시에 많은 논쟁이 있었다. 의사들의 의견이 엇갈렸다. 나중에 밝혀진 사실에 의하면 맛이 그리 좋지 않았던 짙은 갈색의 대구 간유가 장청소를 돕는 효과가 있었다고 한다.

대구 간유가 반드시 모든 사람한테 좋기만 한 것은 아니었다. 대구 간유 1스푼(13.6그램)에는 비타민A가 매우 많이 포함되어 있기 때문에, 지나치게 많이 마시게 되면 비타민A 과다증을 유발하고 오히려 건강을 해치고 만다. 그런 이유로 특히 임산부는 마시기 전에 반드시 의사와 상담을 해야 한다.

유럽 최초의 아메리카 발견자?

스페인 북부의 민족인 바스크족은 옛날부터 뛰어난 뱃사람이자 열정적인 어부로 유명했는데, 진위가 의심스럽긴 하지만 일설에 의하면 이들이 대구가 더 많이 잡히는 어장을 찾아 대서양 이곳저곳을 누비다가 오늘날 캐나다 동북부 뉴펀들랜드섬 부근의 어장을 찾아냈고 그곳에서 엄청난 양의 대구를 잡았는데, 이렇게 풍부한 어장이 있다는 사실이 자칫 다른 사람들한테 알려지면 외부 어선들이 몰려와 자신들의 어획량이 줄어들까봐 일부러 그 사실을 절대 비밀로 여기고 결코 발설하지 않았다고 한다.

만약 이 이야기가 사실이라면 바스크족은 대구를 잡다가 자신들도 모르게 콜럼버스보다 훨씬 일찍 아메리카 대륙에 도착한 유럽인이 되는 셈이다.

37 / 마가린

버터를 대신하는 식용 기름

식사를 하려는데 딱히 먹을 만한 반찬이 없어서 냉장고 한쪽 구석 플라스틱 통 안 마가린을 꺼내 밥 위에 올려놓고 간장을 뿌려 비벼 먹은 경험이 있는 사람들이 많을 것이다. 이런 마가린은 언제 세상에 등장했으며, 그 역할은 어떤 것이었는지 알아보자.

나폴레옹 3세의 선물

오늘날 서양에서 마가린Margarine은 버터를 대신하는 식용 기름으로 많이 사용된다. 처음 마가린은 동물성 지방으로 만들어졌지만, 오늘날 대부분의 마가린은 식물성 기름으로 만들어진다.

마가린은 버터에 비해 값이 싸고 식물성이기 때문에 순동물성 지방인 버터보다 건강에 좋다는 인식이 널리 퍼져 인기가 있다. 특

마가린은 버터의 대용품으로 프랑스 나폴레옹 3세 시절에 만들어졌다.

히 동물성 지방 제품 섭취를 피하려는 채식주의자들이 마가린을 구입한다.

버터는 우유의 유지방에서 만들어지는 반면 현대의 마가린은 주로 정제된 식물성 기름과 물로 만들어진다. 마가린은 안정된 고체 형태로 전체에 균일하게 분산된 작은 물방울이 있는 지방으로 구성된다. 미국의 일부 지역에서 마가린은 최소 지방 함량이 80퍼센트(최대 16퍼센트 수분 포함)여야 한다. 미국에서 구어체로 사용되는 마가린이라는 용어는 다양한 지방 함량을 가진 "비유제품 스프레드"를 설명하는 데 사용된다.

마가린은 1869년 프랑스에서 나폴레옹 3세 황제가 군대와 하층계급을 위해 쇠고기의 지방으로 버터를 대신할 식용 기름을 만들라고 명령한 것을 계기로 프랑스의 화학자인 이폴리트 메주 무리에(1817~1880)가 만들었다. 이폴리트는 올레오마가린oleomargarine이라고 불리는 물질을 발명했는데, 이것을 상품으로 편리하게 부르기 위해 '마가린'으로 줄였다.

이폴리트는 1869년 '마가린'이란 개념에 대한 특허를 취득하고 제조 사업을 확장했지만 상업적으로는 별로 성공을 거두지 못했다. 1871년에 이폴리트는 네덜란드 회사인 유르겐스에 마가린에 대한 특허를 팔아버렸다. 같은 해 독일 쾰른의 베네딕트클라인은 마가린을 만드는 최초의 공장인 베네딕트클라인마가린베르케

182

Benedict Klein Margarinewerke를 설립하여 오베르스톨즈Overstolz와 보테르만Botteram이라는 브랜드로 생산했다.

쇠고기 지방에서 식물성 기름으로

원래 마가린의 주요 원료는 쇠고기의 지방이었는데, 1871년 미국 뉴욕 빙엄턴의 헨리 W. 브래들리는 식물성 기름(주로 면실유)과 동물성 지방을 결합한 마가린을 만드는 공정에 대해 특허를 얻었다.

쇠고기 지방 공급 부족과 식물성 재료 기술의 발전은 브래들리가 만든 마가린의 수요를 늘렸으며, 1900년에서 1920년 사이에 상업용 마가린은 동물성 지방과 식물성 기름 조합으로 생산되었다. 1930년대 경제 불황과 제2차 세계대전이 이어지면서 동물성 지방과 버터 공급이 감소했고 1945년에는 소고기 지방으로만 만드는 마가린이 시장에서 사라졌다. 미국에서는 1950년경에 법률이 변경되고 공급에도 계속 변화가 생기면서 식물성 유지 및 지방으로 마가린이 거의 전환된다.

그런데 소가 생산하는 버터는 약간 노란색을 띠는 반면, 원래의 마가린은 흰색을 띠고 있어 마치 돼지 지방인 라드처럼 보여서 사람들이 거부감을 느끼기도 했다. 1880년대 후반부터 마가린 제조 업체들은 사람들의 거부감을 없애고자 마가린에 노란색의 식용 색소를 넣기 시작했다. 버터처럼 보이게 하려는 것이었다.

마가린 제조 회사들은 상업용 광고를 통해서도 사람들의 거부

보테르만 브랜드의 1960년대 광고 캡처.

감을 없애려고 노력했다. 1955년 마가린의 상업용 TV 광고가 시작됐고, "우리 회사에서 만드는 마가린은 버터와 거의 흡사한 맛이 나서 구별할 수 없습니다!"라는 내용을 담은 광고를 내보냈다.

한국에는 한국전쟁 무렵 미군에 의해 마가린이 들어온 것으로 여겨진다. 한국에서는 서구처럼 빵에 버터를 발라먹는 식문화가 없었기 때문에 마가린은 한국인의 주식인 밥에 올려 뜨거운 온도를 이용해 비비고는 간장을 뿌려서 먹는 용도로 쓰였다. 의외로 한국인의 입맛에 맞는 방식이어서 아직도 많은 사람들이 한 끼 식사를 마가린으로 해결하고는 한다.

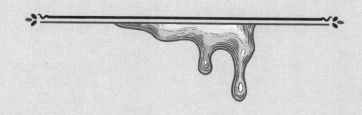

Ⅲ

불타는 기름과
현대 세계사

38 / 사우디와 오일머니
검은 석유 뒤에 숨겨진 어두운 그림자

전 세계를 통틀어 석유 때문에 가장 큰 이득을 본 나라라면 단연 사우디아라비아를 꼽을 수 있다. 1938년에 석유가 발견되기 전까지 사우디아라비아는 그야말로 모래투성이 사막밖에 없던 세계에서 가장 가난한 나라였다. 하지만 석유가 발견되자 사우디아라비아는 막대한 오일머니 수익으로 인해 순식간에 세계에서 가장 부유한 나라들 중 하나로 떠올랐다. 하지만 그 이면에는 어두운 그림자도 도사리고 있다.

사우디와 미국 정부의 숨은 동맹

사우디아라비아가 위치한 아라비아 반도는 13억 인구가 믿는 종교인 이슬람교가 탄생한 지역이자, 이슬람교를 세계에 전파한 민족

인 아랍인들의 고향이다.

하지만 사우디아라비아는 오랫동안 세계사의 뒤편에 머물러 있는 외로운 신세였다. 이슬람교의 깃발을 들고 최초로 탄생한 나라인 이슬람 제국조차 얼마 후에 수도를 메카에서 현재 시리아의 다마스쿠스로, 그 이후에는 이라크의 바그다드로 옮겼을 만큼 아라비아 반도를 그리 중요시하지 않았다. 아라비아 반도는 해안 지역을 제외하면 영토의 대부분이 모래뿐인 황량한 사막이기 때문

사우디아라비아의 첫 번째 국왕인 압둘아지즈 이븐 사우드의 사진. 원래 영국의 보호를 받던 사우디는 2차 대전 무렵, 영국의 힘이 쇠약해지자 새로운 보호자로 미국을 골라 동맹을 맺었다.

이었다. 그래서 20세기 이전까지 아라비아 반도의 주민들은 이슬람교의 성지인 메카를 찾아오는 순례자들을 상대로 장사를 하여 간신히 먹고사는 가난한 신세를 벗어나지 못했다.

그런데 1938년 사우디아라비아(사우디)가 위치한 아라비아 반도에서 석유가 발견되자, 아라비아 반도의 주민들 더 나아가 사우디라는 나라 자체의 운명은 이전과 정반대로 바뀌었다. 당시 국제 석유 시장을 좌우하던 큰 손인 미국의 석유 기업들은 아라비아 반도의 석유 매장량을 탐사한 결과, 매일 같이 석유 유전이 발견되던 미국에서보다 더 많은 그야말로 세계 최대 규모의 석유가 묻혀 있다고 판단을 내렸다.

마침 미국 정부는 미국의 세계 패권 확보를 위해 경제와 군사 분야에서 안정적인 석유 공급망의 확보가 중요하다고 판단을 내린 상황이었다. 그리하여 1945년 2월 14일 미국의 루즈벨트 대통령은 사우디의 압둘 아지즈 국왕과 이집트 수에즈 운하에 떠 있던 미국 해군 군함 USS퀸시호에서 만나 회담을 가졌다. 이 회담에서 루즈벨트 대통령은 압둘 국왕한테 "미국의 강력한 군사력으로 사우디를 다른 나라들의 침입이나 위협으로부터 지켜주겠다. 그 대신 사우디는 미국 석유 회사들의 사우디 내 유전 개발을 승인해주고, 낮은 가격으로 미국에 안정적으로 석유를 팔아 달라"는 제안을 하였다.

압둘 국왕이 그 제안을 받아들임으로써 미국과 사우디는 동맹을 맺었고, 2년 후인 1947년에는 미국과 사우디의 합작회사인 아람코ARAMCO(아라비아-미국 석유 회사)가 탄생하였다.

그리고 이때부터 미국은 사우디와 굳건한 동맹 관계를 2010년대에 이르기까지 무려 60년이 넘게 유지하기에 이른다. 이 동맹은 두 나라에 큰 이익을 가져다주었는데, 세계 최대의 석유 매장량을 가진 사우디를 통해 미국은 국제 원유 시장의 주도권을 완전히 장악함으로써 2차 대전 이전까지 세계 최강대국이던 영국을 밀어내고 새로운 세계 최강대국으로 군림할 수 있게 되었다.

사우디 역시 미국과의 긴밀한 동맹 관계를 통해서 부족한 인구에도 불구하고 이라크와 이란 같은 주변 나라들의 위협으로부터 무사히 국가를 지킬 수 있었고, 막대한 양의 석유를 팔아서 벌어들인 오일머니를 가지고 1930년대까지의 빈곤 상태에서 벗어났으며, 아울러 국민들한테 복지 혜택을 제공함으로써 2020년대에도 왕정 체제가 유지될 수 있는 조건을 만들었다. 사우디는 지배층인 왕족들이 미국에 유학을 가 새로운 문물을 배워오면서 낙후된 산업 체제를 새로이 재정비했다.

오일머니의 어두운 그림자

하지만 이러한 사우디의 번영 뒤편에는 어두운 그림자도 도사리고 있었다. 사우디를 지배하는 사우디 왕가는 원래 극단적인 이슬람 원리주의를 믿던 집단이었다. 그러한 성향은 미국과 동맹을 맺고 나서도 전혀 변하지 않았는데, 사우디 왕가는 오일머니로 벌어들이는 수익 중에서 무려 700억 달러라는 거금을 해외에 이슬람 원리주의를 수출하는데 써 버리면서 결과적으로 알카에다나 탈레반 같은 이슬람 테러 조직들의 발흥을 도운 꼴이 되고 말았다.

사우디가 오일머니를 뿌려대며 키워낸 이슬람 테러 조직들은 미국에까지 그 피해를 끼쳤는데, 2001년 9월 11일 미국 뉴욕의 무역 센터에 비행기를 충돌시켜 약 3000명의 시민들을 죽게 만든 테러리스트인 오사마 빈 라덴과 그와 함께 비행기를 몰았던 14명의 테러리스트들은 모두 사우디인이었다.

그런데 정작 놀라운 것은 미국 정부의 태도였다. 사우디인 15명이 비행기 자폭 테러로 3000명의 미국 시민들을 죽였음에도 불구하고 미국 정부는 사우디 정부를 향해 어떠한 항의나 경제적인 제제를 하지 않았고 군사적 공격도 전혀 없었다.

오히려 9-11테러를 당한 피해자들의 유가족들이 알음알음 알아낸 자료들을 통해 미국 의회에 정식으로 "사우디 정부가 9-11테러에 책임이 있으니, 그들한테 테러 피해의 보상을 요구한다"라고 신청했지만 미국 정부는 이를 묵살하고 사우디를 철저하게 감싸고 돌았다.

입만 열면 민주주의를 외치는 미국 정부가 왜 이런 일을 벌였을까? 그것은 사우디 정부가 뿌리는 엄청난 액수의 뇌물 때문이다. 대략 1960년대부터 2000년대까지 사우디 정부가 미국 정부의 고위 인사들과 기관들한테 로비로 사용한 금액의 액수는 무려 1조달러에 이른다. 사우디를 비롯한 서아시아 지역에서 20년 동안 근무했던 미국의 중앙정보부CIA 요원 로버트 베어는 그의 저서인 《악마와의 동침》에서 "사우디가 주는 돈을 받아먹지 않은 미국 관리나 기관은 찾아볼 수 없다. 거의 모든 미국 정부의 부처들이 사우디가 뿌리는 돈을 먹고, 그들의 가혹한 실상을 외면했다"라고 신랄하게 비판했다.

이렇게 사우디가 오일머니를 통해 이슬람 테러 조직을 키워주고, 그러면서 미국에도 로비를 통해 돈을 뿌리는 통에 미군이 세계 각지에서 아무리 이슬람 테러 조직들을 소탕해도 결코 이들의 테러는 끝날 기미가 보이지 않는다. 또한 전 세계를 통틀어 가장 잔인하고 억압적인 사우디의 전제 왕정 체제도 미국의 비호를 받으며 '피의 순환'이 계속 이어졌다.

헌데 사우디의 석유가 다 바닥날 때까지 이어질 것 같았던 미국과 사우디의 밀월 관계가, 역시나 석유 기름 때문에 2022년 들어 금이 가기 시작했다. 우크라이나 전쟁을 다룬 뒤의 내용에서 더 자세히 살펴보자.

미국과 영국이 주도한 연성 쿠데타

이란은 고대에 페르시아라 불리며 1000년 넘게 세계에서 가장 번영했던 강력한 나라였다. 그러나 19세기에 들어서 이란은 북쪽의 러시아와 남쪽의 영국, 두 강대국의 압박에 의해 사실상 반식민지로 전락하면서 거의 150년 동안 가난한 후진국으로 지내왔다. 이런 암울한 현실을 타개하고자 나섰던 사람이 이란의 총리 모사데크였다.

영국과 이란의 불평등 계약

1908년 5월 26일 영국 석유 회사 브리티시페트롤리엄BP은 이란에서 석유를 채굴하는 작업에 들어갔다. 영국은 이란 정부를 상대로 60년 동안 BP가 이란의 모든 영토에서 자유롭게 석유를 찾아내 차

이란의 총리였던 모하마드 모사데크. 그는 과거 이란 정부가 영국과 맺었던 불평등한 석유 채굴 조약을 개선하여 조국 이란의 근대화를 추진하려 했으나, 미국과 영국 등 외세의 간섭으로 인해 실패하고 말았다.

지할 수 있고, 발견한 석유는 모두 BP의 소유물이 되며, 이란 정부는 BP가 차지한 석유에 대해서 어떠한 소유권도 주장할 수 없다는 내용의 불평등한 계약을 맺었다.

BP는 1909년 앵글로이란석유회사로 이름을 바꾸었으나 불평등한 계약은 계속 이어졌다. 결국 1947년 이란 정부는 앵글로이란석유회사에 "당신들은 우리 땅에서 우리의 석유를 부당한 가격에 가져가고 있다. 이러한 불평등한 관계를 더이상 참을 수 없으니, 석유 채굴과 판매에 대한 수익 배분을 공평하게 바꿔달라"고 요구하였다.

이란 정부의 요구는 정당한 것이었다. 앵글로이란석유회사는 이란에서 채굴하여 판매하는 석유 수익에서 고작 8퍼센트만을 이란 정부에 지불하고 있었다. 1948년 2300만 톤의 석유 시추 및 판매에서 앵글로이란석유회사는 3억 2000만 달러의 수익을 거둔 반면 이란은 겨우 3600만 달러를 벌었다.

앵글로이란석유회사는 이란 정부의 항의에 대해 "처음부터 계약 조건이 그랬는데 왜 지금에 와서 바꿔달라고 하느냐? 원유를 채굴하는 당사자가 원유가 매장된 나라보다 더 많은 수익을 가져가는 것은 당연하지 않느냐?"라며 거부하였다.

그러자 이란에서는 "우리의 소중한 자원인 석유를 더 이상 외국인들한테 마구 넘겨주어서는 안 된다!"라는 자원 민족주의 여론이 강하게 일어났는데, 그 여론의 중심에는 국민전선당의 대표인 모사데크가 있었다.

국유화와 경제 제재

모사데크는 일찍부터 이란에 풍부하게 석유가 매장되었음에도 외세인 영국 기업에 대부분 헐값에 넘겨주어 이란 국민들이 혜택을 보지 못하는 현실을 안타까워했다. 1949년 모사데크는 이란 국민들한테 "나를 국회의원으로 뽑아주면 석유의 판매 수익을 앵글로이란석유회사와 50대 50으로 나누겠다!"라는 구호를 내걸었고, 열렬한 지지를 받아 국회에 들어가는데 성공했다. 국회의원에 당선된 모사데크는 자신이 내건 구호 그대로 앵글로이란석유회사를 상대로 계약 조건을 평등하게 바꿔달라고 강하게 요구하였다. 앵글로이란석유회사와 영국 정부가 요구를 거부하자, 모사데크는 1951년 3월 15일 앵글로이란석유회사에 보상금을 주는 대가로 이란 정부가 국유화하자는 방안을 발표하였고, 이란 의회에서 이를 수락하여 그대로 시행된다. 이란의 국왕인 레자 팔레비는 1951년 4월 모사데크를 총리에 임명하여 더욱 힘을 실어 주었다.

영국 정부는 앵글로이란석유회사가 이란 정부에 의해 국유화되자 강하게 반발했다. 모사데크가 앵글로이란석유회사가 이란에서 채굴되는 석유의 절반을 가져가서 판매할 수 있도록 하고 아울러 앵글로이란석유회사의 영국인 직원들이 계속 근무할 수 있게 허락했음에도 불구하고 반발이 극심했다. 앵글로이란석유회사의 지분 중 상당수는 영국 정부의 소유였다.

모사데크의 앵글로이란석유회사 국유화 조치에 대한 대응으로 영국 정부는 영국 은행들에게 이란에 관련된 모든 자산을 인출할 수 없도록 하고, 이란의 석유를 배에 싣지 못하게 하는 등 경제 제재를 실행하였다(1951년 9월). 그러면서 영국 해군 함대를 이란의 영해 주변에 보내고 육군과 공군이 이라크의 영국령 바스라에 파견되어 무력시위를 하는 등 이란 정부를 위협하였다.

영국의 경제 제재가 계속되자 이란 경제는 시간이 갈수록 피해가 커졌다. 특히 이란 경제를 떠받치고 있던 석유의 판매 수익이 1950년 4억 달러에서 1953년 8월 200만 달러로 200분의 1로 줄어들었다.

영국의 횡포에 모사데크는 미국 정부에 중재를 요청하려고 했으나 실패했다. 이미 영국 정부는 미국 정부를 상대로 "모사데크가 추진하는 자원 민족주의는 다른 나라들한테도 영향을 미칠 것이고 그러면 우리는 더 이상 예전처럼 헐값에 석유를 가져가지 못한다. 그리고 모사데크는 소련과 손을 잡으려는 공산주의자이니 결코 그대로 내버려 두어선 안 된다"라고 로비를 벌였고 미국 정부는 거기에 넘어간 상태였다. 물론 이는 터무니없는 거짓말이었다. 모사데크는 영국 못지않게 소련도 싫어하는 철저한 반공주의자였다.

CIA의 아이아스 작전

이후 미국 중앙정보국 CIA는 영국 정부와 손잡고 모사데크를 총리 자리에서 아예 몰아내려는 공작을 벌였는데, 이를 '아이아스 작전'이라고 불렀다. '아이아스 작전'은 요사이 회자되는 이른바 연성 쿠데타였는데, 우선 이란 국왕인 팔레비로 하여금 "모사데크는 공산주의자이니 해임시키라"고 계속 압박하는 한편, 이란 국민들 중 모사데크를 반대하는 사람들한테 자금을 지원하여 폭동을 일으키는 식으로 이란의 여론을 모사데크 반대 쪽으로 돌려 그를 압박하는 방식이었다.

그리하여 1953년 8월, 이란의 도시들 곳곳에서 "공산주의자 모사데크를 해임하라!"고 구호를 외치는 시위대가 등장했다. 이들 대부분은 마구잡이로 방화와 약탈과 폭동을 저질렀고, 이란은 치안이 위태로운 무정부 상태에 놓였다. 나중에 조사해보니 이 시위대에 참가한 사람들의 주머니에서는 미국 지폐인 달러화가 나왔다. 그들은 CIA로부터 돈을 받고서 모사데크를 몰아내라는 시위에 나선 것이었다.

결국 시위대를 진압하여 치안을 회복한다는 명분을 내걸고 나선 이란의 자헤디 장군은 모사데크가 소요의 원인이 된다면서 체포하였다. 미국의 압박에 못 견딘 팔레비 국왕은 자헤디 장군을 새

CIA의 로고. CIA는 2차 대전 당시 설립된 전략 사무국의 후신으로 1947년 트루먼 대통령이 설립했다. 전 세계에서 활동 중인 요원은 약 2만 명으로 추산된다고 한다.

로운 총리로 임명했다. 모사데크는 3년 동안 교도소에 수감됐고 이후 사망할 때까지 집에 감금되었다.

　미국 CIA가 시위대를 매수하여 일으킨 폭동으로 모사데크를 쫓아낸 1953년의 사건은 이후 미국 정부가 제3세계의 반미 정권들을 무너뜨리기 위해 즐겨 쓰는 방법의 원형이 된다. 이를 '컬러 혁명'이라고 부른다. 미군을 직접 파견하여 그 나라 군대와 싸우며 사상자와 군사비를 발생시킬 필요가 없어서 CIA가 특히나 즐겨 사용하는 '연성 쿠데타'이다.

누가 마테이를 죽였나

사고 또는 암살

2차 세계대전에 참가했던 이탈리아는 전쟁에 패배하면서 수많은 사상자를 냈고 국내 산업이 초토화되면서 크나큰 타격을 받았다. 이런 이탈리아의 부흥을 위해 평생을 바친 인물이 이탈리아 국영석유기업ENI 총재 엔리코 마테이Enrico Mattei였다. 그러나 정력적으로 활동하던 마테이는 1962년 10월 27일 의문의 비행기 사고로 그만 죽고 말았다.

소련과 손잡으려 했던 마테이

마테이는 이탈리아 현대사와 영욕을 함께한 인물이었다. 그는 2차 대전 와중에 레지스탕스 조직을 이끌고 이탈리아를 지배했던 독재자 무솔리니에 맞서 싸웠다. 마테이를 비난하던 미국과 영국 언론들은 그를 사회주의자라고 몰아붙였으나, 2차 대전 때 마테이가 지휘했던 레지스탕스 조직은 사회주의 계열이 아니었다.

1945년 2차 대전이 끝나자 마테이는 기독교민주당을 이끌던 가스페리 총리의 지지를 받아 이탈리아 종합석유회사AGIP의 초대 총재가 되었다. 마테이는 2차 대전의 피해로 심각한 경제 파탄 상태에 이른 이탈리아를 다시 부흥시키는 것이 자신의 사명이라고 믿었고, 그 목표를 달성하기 위해 인생을 헌신하기로 결심했다.

마테이는 현대 산업의 피라고 할 수 있는 석유에 주목하여, 이탈리아 국내에서 석유 매장지를 찾고자 노력했다. 그 결과 1949년 이탈리아 남부 크레모나에서 석유 매장지를 찾아냈다. 마테이는 크레모나에 매장된 석유를 이탈리아의 산업 중심지인 밀라노와 토리노로 가져오기 위해 4000킬로미터의 가스관을 설비하는 한편, 1953년 2월에는 이탈리아 국영석유기업ENI을 만들고 초대 총재에 부임한다. ENI에서 생산해낸 석유를 팔아서 벌어들인 1년 수익은 7500만 달러였는데, 만약 마테이가 이탈리아 국내에서 석유를 찾지 않고 미국으로부터 수입하기만 했다면 귀중한 외화를 몽땅 석유 대금으로 소모해 버렸을 테니, 이탈리아로서는 큰 이익을 본 셈이다.

하지만 마테이는 이탈리아 국내의 석유 매장지만으로는 이탈리아의 산업에 필요한 석유를 모두 공급할 수 없다고 판단하여 해외에서도 석유 매장지를 찾아 나섰다. 그는 주로 미국과 영국의 석유 대기업들이 무시하고 외면했던 제3세계의 신흥 독립국들을 찾아가서 공동으로 석유를 개발하자고 제안했다. 1955년 마테이는 이집트 대통령 나세르를 찾아가서 시나이 반도에 매장된 석유를 개발하기로 합의했다. 1961년에는 시나이 반도에서 1년 동안 (비록 불순물은 많았지만) 석유가 250만 톤이나 생산되었다.

또한 마테이는 1960년 10월 소련 모스크바를 방문하여 소련 최고 지도자 흐루쇼프와 함께 1년 동안 1500만 톤의 석유를 이탈리아와 동유럽 국가들한테 공급하는 대가로 소련이 원하는 식료품과 공산품을 제공하는 협정을 맺었다.

당시 소련은 세계 최대의 영토를 가진 나라인 만큼 제대로 개발이 된다면 세계 최대의 원유 생산국이 될 잠재력이 있었으나, 기술과 자본이 부족하여 미처 석유 탐사와 개발을 못하고 있었는데 마침 마테이가 석유 개발을 함께하자고 제안한 것이다. 영화 〈대부〉의 표현을 빌리자면 "거부할 수 없는 제안"이었다.

그러나 이러한 마테이의 움직임은 소련을 상대로 냉전을 벌이던 미국의 분노를 샀다. 특히 미국의 석유 대기업들은 마테이가 독자적으로 석유 탐사를 하는 것이 무척이나 눈에 거슬렸다.

더구나 마테이가 미국의 적국인 소련과 손을 잡고 석유를 개발하려고 한다면, 다른 유럽 국가들도 마테이처럼 소련과 협정을 맺을 수 있고 그렇게 되면 미국은 유럽 국가들한테 석유를 팔지 못할 뿐더러 소련을 압박할 동맹들을 잃고 막대한 손해를 입게 되니 더더욱 용납할 수 없는 일이었다.

의문의 폭발

그런 이유로 미국 언론들은 마테이를 가리켜 "그는 공산주의자다! 마테이는 세계를 적화시키려는 사악한 소련과 손을 잡고 유럽에 공산주의 세력을 퍼뜨리려는 위험한 짓을 하고 있다! 마테이를 당장 물러나게 해야 한다!"라고 악의적인 흑색 선전을 퍼부었다.

미국 언론들의 비난은 완전히 엉터리였다. 마테이는 평생 반공주의자였고 기독교민주당 당원이었다. 다만 마테이로서는 대서양 건너 멀리 떨어진 미국보다 훨씬 가까운 소련으로부터 석유를 수입하는 것이 정부 재정을 더 아낄 수 있고, 소련과 우호적인 분위기를 다지면 유럽의 평화를 돈독히 할 수 있다고 믿었을 뿐이다. 국익을 위해서라면 반공주의 같은 이념에 얽매이지 않는다는 것이 마테이의 지론이었다.

그러던 와중인 1962년 10월 27일, 마테이는 이탈리아 남부 시칠리아에서 이륙한 비행기를 타고 북부 밀라노로 가던 도중 원인 모를 폭발로 사망하고 말았다. 이 사건을 두고 '우연히 비행기에서 고장이 발생한 것이다'라는 의견과 '마테이의 독자 노선에 불만을 품은 미국 석유 대기업들이 저지른 암살이다'라는 의견이 맞섰지만, 결국 마테이의 죽음은 수많은 의혹 속에 파묻히고 말았다.

그런데 마테이가 시칠리아에서 비행기를 탔던 카타니아 공항은 북대서양조약기구, 즉 나토NATO가 관리하던 시설이다. 이 점에 주목하여 마테이 사망 배후에 나토가 있다는 음모론이 팽배했다.

여기서 한 가지 짚고 넘어가야 하는 부분이 있다. 사람들은 북대서양조약기구, 즉 나토 NATO가 유럽연합의 군대라고 여긴다. 하지만 나토의 지휘권을 쥐고 있는 것은 미군이며, 나토는 미군이 지휘하는 유럽 국가들의 군대이다. 다시 말해서 나토는 미군의 보조 군대에 불과하다. 최근 러시아의 대통령 푸틴이 나토에 가입된 유럽 국가들을 가리켜 "미국의 하인들"이라며 비웃었던 것은 어느 정도 사실을 반영한 것이다.

이탈리아 국영석유기업의 총재였던 엔리코 마테이. 그는 이념에 구애받지 않고 국익을 우선시한 외교를 했으나. 소련의 석유를 수입하려던 정책 때문에 암살당했다.

2005년 이탈리아 정부는 마테이의 사망 사건에 대해 재수사했다. 마테이가 타고 있던 비행기의 파편을 조사한 결과 90킬로그램 무게의 폭탄이 설치되었던 사실이 드러났다. 누군가가 그를 죽이기 위해 일부러 폭탄을 비행기에 설치해 암살한 것이다. 그렇다면 가장 유력한 용의자는, 마테이가 죽음으로써 가장 이득을 본 집단이 아닐까.

41 / 멕시코의 비극

미국과의 오랜 악연과 석유의 저주

멕시코는 넓은 영토와 1억이 넘는 많은 인구 그리고 풍부한 지하 자원을 가지고 있다. 특히 멕시코는 자국 내에서 막대한 석유를 생산하는 산유국이다. 하지만 멕시코는 여전히 경제적 어려움을 탈피하지 못하고 있다. 그 이유는 무엇일까?

미국에게 강탈당한 멕시코 땅

멕시코는 미국과 오랜 악연을 지니고 있는데, 그 뿌리는 지금으로 부터 약 180여 년 전으로 거슬러 올라간다.

1521년 멕시코의 토착 세력인 멕시카(아즈텍) 제국은 에르난 코르테스가 이끄는 스페인 군대에게 멸망당했고, 그로부터 약 300년 동안 멕시코는 스페인의 식민 지배를 받았다. 1821년, 멕시코는 스

1847년 8월 멕시코시티 부근에서 벌어진 미국과 멕시코의 전투를 묘사한 그림.

페인의 지배에서 벗어나 독립을 이루었지만 멕시코를 위협하는 적은 사라지지 않았으니, 그것은 바로 멕시코보다 먼저 식민 지배국인 영국으로부터 1783년에 독립한 미국이었다.

미국은 멕시코가 넓은 국토와 풍부한 자원을 지니고 있지만, 독립 이후에도 쿠데타가 50번이나 일어날 정도로 정국이 불안하다는 점을 노려 멕시코를 상대로 전쟁을 일으키려는 작업에 들어갔다. 미국은 멕시코와 싸울 명분을 만들기 위해 자국 영토와 인접한 멕시코의 텍사스 지역에 미국인 이민자들을 보냈다. 텍사스에서 미국인 이민자들이 멕시코인들보다 수가 더 많아지자, 멕시코로부터 독립을 하도록 그들을 부추겼다.

이리하여 미국인 이민자들은 1836년 텍사스 공화국을 선포하였고, 놀란 멕시코 당국은 군대를 보내 미국인 이민자들을 진압하려

했으니 이것이 바로 미국인들이 성스럽게 여기는 알라모 전투다.

알라모 전투에서 미국인 민병대는 멕시코군에게 전멸당했으나, 미국 언론들은 그들의 죽음을 숭고하게 포장하여 대대적으로 선전하였고, 이에 미국 본토에서 알라모의 복수를 외치는 수많은 미국인들이 군대에 자원하여 멕시코와 다시 전쟁을 벌이게 된다. 그리고 1836년 4월 21일 산하신토 전투에서 멕시코군을 격파하고 멕시코 대통령 산타 안나를 포로로 잡는 대승을 거둔다. 이로 인해 멕시코는 텍사스의 독립을 승인하였고, 텍사스 공화국은 9년 동안 존속하다가 1845년 미국으로 편입되었다.

1년 후인 1846년에 벌어진 미국-멕시코 전쟁은 20세기에 벌어질 미국의 중남미 개입의 시초가 되었다. 멕시코 영토로 쳐들어간 미군은 1847년 9월 15일 멕시코의 수도인 멕시코시티를 점령했으며, 1848년 전쟁이 끝나자 미국은 멕시코의 영토였던 캘리포니아, 유타 및 네바다주, 애리조나, 뉴멕시코주를 자국 영토로 편입함으로써 영토를 크게 넓혔다. 반면 국토의 절반을 미국에게 빼앗긴 멕시코는 엄청난 타격을 입고 쿠데타가 계속 일어나는 등 정국의 혼란이 극심해지면서 2류 국가로 몰락하고 말았다.

하지만 여전히 멕시코는 197만제곱킬로미터라는 방대한 영토를 가진 나라였고, 얼마든지 재기할 수 있었다. 특히 멕시코에는 많은 양의 석유가 매장되어 있었고, 멕시코의 정치인들은 이 점에 주목하였다.

1910년 멕시코만의 도시인 탐피코에서 석유가 발견되었다. 탐피코 유전은 하루에 200만 배럴을 생산할 수 있을 만큼 석유 매장량이 풍부했다.

　멕시코의 카란사 대통령은 1917년 멕시코의 모든 석유에 대한 소유권은 멕시코 정부에 있다"는 조항을 포함하는 헌법 27조를 만들어 외국 정부와 자본의 약탈을 막으려 하였다. 1930년대 카르데나스 정부는 멕시코에 세워진 모든 외국인들의 석유 회사 지분을 멕시코 정부의 소유로 만드는 국유화 조치를 했다.

석유의 저주

시간이 흘러 1976년 멕시코의 포르티요 대통령은 멕시코의 풍부한 석유를 이용하여 멕시코의 후진적인 산업 체제를 개혁하려고 했다.

　미국 정계에서는 "미국과 바로 국경을 맞댄 나라가 일본처럼 되는 것을 그대로 두어선 안 된다"라는 경계의 목소리가 터져 나왔다. 미국으로서는 멕시코가 만일 일본처럼 경제적으로 발달된 선진국이 된다면, (심지어 산유국인) 멕시코를 상대하기는 예전보다 훨씬 힘들어진다는 것이었다.

　그리하여 1981년부터 《뉴욕타임스》와 《월스트리트저널》 같은 미국의 주요 언론들은 "멕시코 화폐인 페소화의 가치가 얼마 못가 폭락할 위기다", "멕시코의 부자들이 페소화를 몽땅 미국 달러화로 바꾸고 빼돌려 놓았다"는 등 멕시코 경제가 허약하다는 기사들

멕시코의 호세 로페스 포르티요 대통령. 그는 멕시코의 풍부한 석유를 이용하여 뒤떨어진 멕시코의 산업 체제를 개혁하려는 움직임을 추진하였으나 미국의 간섭으로 실패하였다.

을 집중적으로 보도하였다. 이는 말할 것도 없이 멕시코 경제에 불안을 조장하려는 여론전이었다.

이러한 미국 언론들의 네거티브 선전은 그대로 먹혀들었고, 1982년 4월에 접어들어 멕시코 페소화의 가치가 이전보다 30퍼센트나 낮아지면서 멕시코 국민들은 고통을 받아야 했다.

미국, 영국, 스위스, 독일, 일본의 주요 은행들은 멕시코에 투자한 자본들을 모조리 회수해갔다. 그렇게 해서 멕시코로부터 빠져나간 외국 자본들은 760억 달러에 달했는데, 이 액수는 포르티요 대통령이 국가 개혁을 위해 추진하던 정책에 필요한 전체 금액과 맞먹었다.

심지어 외국 은행들은 멕시코에 빌려준 돈을 빨리 갚으라며, 관행이던 채무 상환 연기조차 거부하였다. 그래서 멕시코는 1982년 8월에 들어 외화보유고가 바닥나 외국에서 빌린 돈을 갚지 못해 국가 신용 등급이 떨어질 위기에 처했다.

1982년 10월 1일 미국 뉴욕 유엔 총회에 참석한 포르티요 대통령은 "지금 멕시코 정부가 갚아야 할 외채의 이자는 3배로 불어났고, 우리는 이런 막대한 빚을 도저히 갚을 수 없어서 경제가 무너질 상황이다"라고 어려움을 호소했다. 하지만 그런 상황에서도 미국 언론들은 여전히 멕시코 경제의 부실함을 강조하면서 투자자와 소비자들의 불안을 부추겼다.

결국 멕시코 경제는 파탄이 나 버렸고, 포르티요 대통령은 경제 실패의 책임을 지고 1982년 12월 대통령 자리에서 물러나고 말았다. 그와 동시에 포르티요 대통령이 추진하던 국가 개혁 정책도 취소되고 말았다.

멕시코는 풍부한 석유 자원을 지녔으나, 위험한 이웃인 미국 때문에 그 자원이 오히려 독이 되어 국가와 국민을 불행하게 만들었던 것이다.

42 / 한국의 오일쇼크 사태

박정희 유신 독재 정권을 무너뜨리다

1979년 10월 26일, 궁정동에서 몇 발의 총소리가 들렸다. 그것은 당시 박정희 유신 정권의 3인자였던 중앙정보부장 김재규가 쏜 것이었다. 그가 쏜 총탄에 유신 정권의 1인자 대통령 박정희와 2인자 대통령 경호실장 차지철이 맞아 죽고 말았다. 김재규는 도대체 무슨 이유로 박정희와 차지철을 쏘아 죽였던 것일까? 여기에는 다소 복잡한 배경이 얽혀 있다.

중동의 석유 수출 제한이 한국에 끼친 영향

박정희가 술자리에서 죽임을 당했던 데에는 중동의 석유 가격의 폭등, 즉 1978년 12월의 오일쇼크 사태가 중요하게 작용했다. 이란을 중심으로 이라크, 리비아, 시리아 등 여러 나라들이 석유 생산량을 줄이고 가격을 올리는 담합을 하자, 세계 경제가 크게 요동을 치기 시작했다. 이들이 줄인 석유의 생산량은 원래의 고작 2퍼센트에 불과했다. 오해하지 말아야 할 것은 전체적으로 필요한 석유 생산량 중에서 겨우 2퍼센트만 줄어들어도 그 부족한 양을 채우기 위해 산업 체계 전반의 움직임이 매우 느려진다는 점이다. 몸에서 돌아야 하는 피의 아주 적은 부분만 부족해져도 빈혈에 시달려 쓰러지는 현상과 같다.

이렇게 중동 국가들이 석유 생산량을 줄이고 가격을 올리자, 거의 모든 석유를 특히 중동에서 수입하던 한국 경제는 큰 타격을 입었다. 당시 《동아일보》의 보도를 보면, 오일쇼크가 한국 경제에 끼친 피해가 얼마나 컸는지 짐작할 수 있다.

1979년 4월 9일자 《동아일보》에는 "과過성장 16년 황黃신호 걸린 한국경제"라는 기사가 실렸다. 36세가 된 M씨라는 익명의 시민을 등장시켰는데, M씨는 "세금을 빼고 나면 남는 봉급이 한 달에 15만 원인데 올해에 들어서는 봉급을 가지고 저축은커녕 생계를 잇는 것조차 어렵다. 경제는 해마다 성장한다는데 어째서 물가는 엄청나게 오르기만 하는지, 왜 갈수록 살기가 어려워지는지 의문이다"라고 어려움을 토로했다.

같은 기사에서는 "작년 이후로 엄청나게 물가가 올라가고 유례가 없는 투기 붐이 벌어지며 걸핏하면 생필품 파동이 벌어지는데 이런 고도 성장이 과연 무엇을 가져다주는가?"라며 서민 경제의 피폐함을 생생하게 묘사했다.

부마 항쟁의 원인은 오일쇼크로 인한 물가 폭등과 시민들의 불만이었다.

1979년 7월 11일자 《동아일보》를 보면, "석유 가격과 전기요금이 오르니까 관련 제품 가격도 최대 48퍼센트까지 올라갔다. 아파트 등 고급 주택가, 수퍼마켓 상가 등에서는 비누와 화장지와 설탕과 식용유 등 생필품들을 상인들이 리어카와 용달차로 마구 사서 실어 나르는 사재기가 극성을 부리는가 하면, 버스 요금까지 오른다는 소문이 돌아 토큰을 사려는 시민들이 판매소에 줄을 섰다"라는 내용의 기사가 실렸다.

실제로 1979년 3월 박정희 정부는 석유 제품의 가격을 9.5퍼센트 올렸으며, 같은 해인 1979년 7월에는 다시 석유 제품의 가격을 59퍼센트나 올렸고, 전기 요금도 35퍼센트나 올렸다. 그리하여 1979년 소비자물가 인상률은 21퍼센트에 달했다.

오일쇼크가 한국 사회에 끼친 파장은 여기서 끝나지 않는다. 1979년 7월 17일 《동아일보》 6면을 보면 석유 가격이 올라가자 비료를 구하기 어려워진 농촌에서는 물레방아가 다시 등장했으며, 바다로 나가 고기를 잡는 어선들도 연료비를 아끼려고 돛을 달고 나간다는 기사가 실렸다.

같은 날 《동아일보》 7면에는 석유 가격 인상으로 공업 단지에서는 직원들을 해고하고 작업을 멈추는 업체들이 늘어난다는 기사가 실렸다. 구조조정과 휴업은 수출의 중심지였던 부산과 마산 지역에서 가장 심했다. 1979년 부산에서는 부도가 나는 업체들이 서울보다 3배 많았으며, 같은 해 9월에는 마산에서만 24개의 업체들이 문을 닫아 6000여 명이 실업자가 되었다.

해고된 노동자들은 자연히 자신들의 생계를 외면한 박정희 정권에 대한 반발 심리로 인해 1979년 10월 16일에 일어난 부마(부산-마산) 항쟁에 참가했다. 부마 항쟁을 직접 목격한 사람들의 증언에 의하면 투쟁에 참가한 시위대의 대부분은 가난한 노동자들과 상인 및 일용직 노동자, 실업자였으며, 직장을 잃지 않은 샐러리맨들도 항쟁을 일으킨 서민들의 어려움에 공감하여 시위에 적극 참가하였고 그래서 시위의 규모가 확산되었다고 한다.

당시 부마 항쟁을 진압하기 위해 출동한 경찰들을 향해 시위대는 욕설과 야유를 퍼부었고, 그래서 경찰들의 사기가 떨어져 차량이 시위대에 의해 불타버렸는데도 "어서 저 차를 구해내라!"고 외치는 간부의 명령에 따르지 않는 일까지 있었다.

그러나 박정희 정부는 부마 항쟁이 간첩과 불순분자, 즉 북한의 스파이가 퍼뜨린 유언비어에 의해 일어난 공산주의 폭동이라고 보고 공수부대를 투입하여 무자비하게 진압했다.

부마 항쟁과 10.26

박정희 본인은 부마 항쟁을 일으킨 오일쇼크와 그에 따른 서민 경제의 어려움을 몰랐을까? 그렇지 않았다. 박정희 본인한테 나라 안

팎의 모든 정보가 전해지는데 박정희가 오일쇼크에 따른 서민 경제의 어려움을 몰랐을 리가 없다.

하지만 박정희는 그것을 알았음에도 해결하려는 모습을 보이지 않았다.《남산의 부장들》에 의하면, 그 무렵 박정희는 거의 매일 밤마다 궁정동에서 여성 연예인이나 가수 등을 불러들여 부하들과 함께 술판을 벌이며 유희를 즐기는 일에 탐닉했다고 한다.

오일쇼크로 일어난 부마 항쟁은 박정희 정권에 대해 민심이 돌아섰음을 보여주는 증거였다. 그러나 박정희는 그런 부마 항쟁을 두고 공산주의 폭동이라고 여기며 탄압하기만 했을 뿐, 서민들의 어려움을 외면했다. 이런 박정희의 모습을 가까이에서 지켜본 그의 심복이자 중앙정보부장인 김재규는 박정희가 정상적인 통치 능력을 잃었다고 판단하여 1979년 10월 26일 궁정동에서 그를 총으로 쏘아 죽인다. 결국 오일쇼크가 박정희 정권을 무너뜨린 셈이다.

소련 붕괴와 유가 폭락

초강대국을 무너뜨린 석유 가격

지금은 사람들의 기억 속에서 잊혀진 지 오래이지만, 1980년대까지 미국과 소련이라는 두 초강대국은 서로 자본주의와 공산주의 진영의 맹주로서 지구를 지배하고 있었다. 그러나 1991년, 소련은 갑작스럽게 해체되어 15개의 나라들로 분열되고 말았다. 도대체 소련에 무슨 일이 있었던 것일까?

소련 해체와 저유가

소련 해체를 두고 오늘날까지 여러 가지 말들이 많다. 미국이 최대의 적국인 소련을 해체시키기 위해 교묘하게 음모를 꾸몄다는 사람부터 미국의 거대 부호들을 부러워했던 소련의 젊은이들이 한 개인이 지나치게 많은 재산을 가질 수 없게 막는 사회주의 체제 소

폭발해버린 체르노빌 원자력 발전소의 폐허. 체르노빌 원전 사고는 저유가로 고통받던 소련 경제에 치명타를 가한 사건으로 평가받는다.

련을 미워하여 해체시켰다는 사람, 미국과 유럽 등 서방 국가들의 상점에 언제나 풍족한 물건들이 가득한 풍경을 동경한 소련 국민들이 더 이상 소련에 충성하지 않았기 때문에 무너졌다는 사람까지 많은 주장과 논란 때문에 무엇이 진실이고 거짓인지 알 수가 없다.

사실 소련이 왜 해체되었느냐는 의문에 답을 하려면 책을 몇 권이나 써야 할 만큼 많은 설명이 필요하다. 그러나 그 의문에 대한 답을 짧게 요약하자면 가장 근본적인 원인은 바로 국제 유가, 즉 석유 가격에 있었다고 할 수 있다.

원래 소련은 정부 수익의 약 절반을 석유 판매로 충당할 만큼 원자재에 크게 의존하는 경제 구조였다. 그래서 국제 유가의 등락에 경제가 좌우되었는데, 유가가 배럴당 30달러로 올라갔던 1979년 무렵에 경제 상황이 가장 안정적이었다. 그래서 지금도 러시아의 노인들은 높은 유가 판매 수익으로 인해 무상 의료와 교육 같은 복지 제도가 거의 완벽했던 1970년대가 가장 살만했던 시절이라며 그리워한다.

그런데 1980년대로 접어들면서 장밋빛이던 소련 경제에 먹구름이 몰려오기 시작했다. 소련 경제를 떠받치던 생명줄인 유가가 계속 내려가는 이른바 저유가 시대가 들이닥쳤던 것이다.

1986년 7월 국제 유가는 배럴당 11달러로 1985년 11월 배럴당 30달러에 비해 3분의 1 수준으로 떨어졌다. 이 사태의 원인에 대해서도 여러 가지 주장들이 제기되고 있는데, 국제 원유 시장의 장악을 노리고 사우디아라비아가 일부러 원유의 생산량을 늘려 유가가 떨어졌다는 주장이 가장 대표적이다. 여하튼 유가 하락은 곧 소련 정부 수익이 3분의 1로 줄어든다는 사실을 뜻했으니, 큰 피해가 아닐 수 없었다.

그렇지 않아도 소련은 1980년대에 들어서 미국 레이건 행정부의 군사적 압박으로 인해 경제 규모가 미국의 3분의 1인데도 불구하고 미국과 동등한 수준의 군사력을 갖추느라 군사비에 지나치게 많은 돈을 쏟고 있었다. 1980년대 말엽 소련이 가진 핵무기는 약 3만 7000개였는데 이는 미국이 가진 핵무기 2만 9000개보다 많았다. 헌데 핵무기는 만들면 끝이 아니다. 계속 정비와 유지 및 보수를 해야 했으니 그야말로 돈 먹는 하마였다.

그럼에도 불구하고 소련 정부는 원유 생산을 줄이기는커녕 오히려 더욱 늘렸다. 그나마 소련의 핵심 돈줄인 석유 판매를 계속 이어가려면 유가 생산을 줄일 수가 없었던 것이다. 1986년 이후로 소련 경제는 언제 무너져도 이상하지 않을 만큼 계속 위험한 상태였다고 할 수 있다.

더해진 두 가지 악재. 체르노빌 원전 사고와 아프간 전쟁

여기에 소련 경제를 더욱 압박하는 두 가지 악재가 터졌다. 우선 1986년 4월 26일, 현재 우크라이나 키예프주의 프리피야트에서 운영 중이던 체르노빌 원자력 발전소에서 막대한 양의 방사능이 누출되면서 원전 사고가 일어났다. 원자력 발전소 내에서 계속 핵분열이 일어나는 바람에 발전소 밖으로 방사능이 튀어나오지 못하도록 막아야 했는데, 그러려면 발전소 건물의 외벽을 주기적으로 납이나 콘크리트 같은 차폐막으로 뒤덮어야 했다. 물론 그러려면 막대한 돈이 들어가는데, 가뜩이나 경제가 어려웠던 소련은 체르노빌 사고를 수습하기 위해서 엄청난 국가 예산을 계속 쏟아 부어야 했다.

두 번째 악재는 1979년 12월부터 시작되어 1989년 2월에야 끝난 소련-아프가니스탄 전쟁이었다. 아프간의 험준한 산악 지형을 무기로 활동하는 이슬람 무장 집단인 무자헤딘은 미국의 지원을 받아서 소련군의 전차나 헬기를 폭파시키면서 끈질기게 저항했고, 아프간 전쟁을 무려 9년 동안이나 치르는 동안 소련 정부는 체르노빌 사고 때와 마찬가지로 밑 빠진 독에 물 붓기 식으로 눈먼 돈을 쏟아 부어야 했다.

국제 유가 하락, 체르노빌 원전 사고, 아프간 전쟁이라는 3가지 재앙에 시달리던 소련은 급기야 과거 2차 대전 때의 적국이었던 서독에 도움을 요청했다. 이에 서독 정부에서는 소련이 서독과 동독의 통일을 승인한다는 조건 하에 소련에 막대한 경제 원조를 하는 계획을 의논했다. 그 일을 하기에 적합한 사람은 당시 독일 경제의 일인자라고 할 수 있는 도이체방크(독일 은행) 총수 알프레드 헤어하우젠이었다.

그는 평소부터 독일이 소련과 손을 잡으면 유럽 전체가 하나의 경제권으로 묶인다는 구상에 매료되었다. 그런 이유로 소련에서는 환영받는 사람이었으나, 소련을 적대시하던 영국과 미국으로부터는 매우 부정적인 평가를 받고 있었다.

그런데 1989년 11월 30일, 출근을 하기 위해 탄 자동차에 설치된 폭탄이 터지는 바람에 그는 죽고 말았다. 이 사건을 가지고 당시 서독 정부는 "과격한 사회주의 단체인 적군파의 소행이다"라고 발표했으나, 적군파는 1970년대에 들어 서독 정부의 끈질긴 탄압으로 거의 와해된 상태였기 때문에 암살의 진짜 배후는 소련의 경제 부흥을 바라지 않던 미국이라는 음모론이 더 유력했다. 알프레드 헤어하우젠이 죽자 대규모의 경제 지원 구상도 물 건너갔다.

소련은 더 이상 외부로부터의 어떠한 지원도 기대할 수 없었다. 미국은 최대 적국인 소련이 더 쇠약해지기를 원했고, 다른 나라들이 소련에 경제 지원을 하려는 것조차 다 압력을 넣어 막았다.

결국 견디지 못하고 소련 정부의 지도자들은 1991년 소비에트 연방 체제를 스스로 해체하기로 결정하였다. 석유 가격 때문에 무려 70년 동안 세계를 지배했던 초강대국이 소멸되다니, 이보다 더 석유의 중요성을 보여주는 사례가 있을까?

44 / 미국과 영국의 유고 내전 개입

유럽의 에너지 자립을 막아라

1999년 미국은 구 유고연방에서 세르비아인들이 수많은 코소보인들을 대량학살하는 범죄를 저지른다고 주장하며 미군을 세르비아로 보내 유고 내전(1991~2001년)에 개입했다. 그리고 세르비아 대통령인 밀로셰비치를 전쟁범죄자로 체포하여 몰락시켰다. 하지만 과연 미국이 인도적인 목적으로 유고 내전에 개입했던 것일까?

미국과 영국의 거짓말

1999년 미국의 클린턴 대통령과 영국의 블레어 총리는 세르비아의 대통령인 밀로셰비치가 "히틀러가 유대인을 학살한 것처럼 코소보인들을 학살하고 있다!"라고 주장하면서, 1991년부터 구 유고연방에서 세르비아인과 코소보인과 알바니아인이 벌인 내전에 개입하여 전쟁을 끝내겠다고 선언했다.

윌리엄 코헨 미국 국방장관은 "세르비아인이 코소보인 10만 명을 학살했다"라고 주장하며 미국이 세르비아인들에 의한 인종청소를 막기 위해 유고 내전에 개입해야 한다며 전쟁의 명분을 내세웠다.

그런데 황당한 것은 미국과 함께 유고 내전에 개입하자던 영국은 코헨과 주장이 달랐다는 점이다. 영국의 외무장관인 제프리 훈은 "세르비아인들이 코소보인 1만 명을 학살했다"라고 말하면서 숫자를 10분의 1로 줄였다. 똑같은 사안에 자기들끼리도 말이 맞지 않는 모습을 어떻게 해석해야 할까?

이는 애초에 미국과 영국이 유고 내전의 개입으로 내세운 명분인 '세르비아인들에 대한 코소보인들의 인종청소 내지 대학살'이 존재하지 않는 거짓이었기 때문에 벌어진 일이다. 실제로 유고 내전이 끝난 2001년 유럽연합에서 코소보에 보낸 법의학 팀이 찾아낸 민간인들의 시체는 고작 187구에 불과했으며, 코소보 지역을 샅샅이 조사한 결과 1997년부터 1999년까지 세르비아군과 코소보 해방군 사이에 벌어진 전투들로 죽은 민간인의 수는 2500명 미만이라고 밝혀졌다.

물론 생명은 하나하나가 소중하며 민간인 희생자가 187명이든 2500명이든 결코 적은 게 아니다. 사람이 적게 죽었다고 별거 아니라고 무시할 수는 없다. 그런데 우리가 주목해야 하는 것은 애초에 미국과 영국 정부의 고위 인사들이 전쟁의 명분으로 내세운 '세르비아인들에 의한 코소보인 1만 명 내지 10만 명의 대량학살'은 있지 않았다는 사실이다. 미국과 영국의 유고 내전 개입 명분은 완전히 조작된 거짓말이었다.

유고 내전에서 보스니아인과 크로아티아인들도 학살을 저질렀음에도 불구하고 미국을 비롯한 서방 언론들은 오직 세르비아인들이 저질렀다는 학살 관련 뉴스들만 보도하면서 다른 민족들이 저지른 학살이나 전쟁 범죄는 모조리 무시하는 편파적인 시각을 드러냈다. 어찌된 일이었을까?

사실 미국과 영국이 유고 내전에 개입한 진짜 이유는 세르비아인들의 '인종청소'를 막기 위한 게 아니었다. 그들은 유럽 국가들이 석유 등 에너지 수급에서 더 이상 미국에 의존하지 않고 자립하는 걸 막기 위해서 전쟁에 뛰어들었다.

미국에게 진짜 '동맹'은 없다

1990년대 초 유럽연합은 중앙아시아의 카자흐스탄에서 아제르바이잔을 거쳐 발칸반도를 통과하여 유럽 각국에 들어가는 석유 수송 파이프망을 건설하려는 계획을 세웠다. 그리고 이를 위해 카스피해에 인접한 아제르바이잔의 바쿠에서 카자흐스탄에서 실어온 석유를 매일 50만 배럴씩 운송할 수 있도록 시설 설비 개선에 투자하였다. 이는 유럽연합이 미국의 영향 아래에 있는 중동산 석유에 의존하지 않고 에너지 수급 자립을 이루려는 원대한 계획이었다.

하지만 미국 정부는 유럽연합이 자국의 영향력에서 벗어나려는 걸 용납하지 않았다. 1994년 12월, 미국 정부는 유럽연합의 에너지 수급 자립을 위한 석유 수송 파이프망 건설 계획 협조 요청을 거부하였다.

미국과 유럽연합은 나토의 이름으로 구 유고연방의 내전에 개입했다. 나토의 개입 범위는 최근 들어 더 확장되고 있다.

미국은 유럽연합이 계획한 카자흐스탄발 석유 수송로의 중심에 세르비아가 있다는 점에 주목하여, 세르비아 대통령인 밀로셰비치로 하여금 유럽연합의 계획에 반대하도록 압력을 넣었다. 밀로셰비치가 부당한 내정 간섭이라며 반대하자, 미국은 밀로셰비치를 전쟁범죄자라고 낙인 찍어 그를 제거하고 발칸반도에 전쟁을 일으킴으로써 유럽연합의 에너지 자립 계획을 망쳐버리려고 했다. 이것이 유고 내전에서 가장 중요한 사실이다.

여기까지 읽은 독자들은 "미국과 유럽연합은 우방인데, 어떻게 미국이 우방인 유럽연합의 에너지 자립을 막으려 했겠느냐?"라고 의문을 제기할지도 모른다.

그러나 길고 긴 세계사에서 보았을 때, 초강대국한테 진정한 의미에서의 우방은 없다. 이는 페르시아나 로마 같은 고대의 강대국들은 물론이고 근대 이전 세계의 패권을 장악했던 몽골이나 중국, 근대의 스페인이나 프랑스와 영국까지도 마찬가지다. 비교적 평화적으로 패권을 넘겨받았다고 평가받는 영국과 미국의 관계에서도,

미국은 영국을 견제하기 위해 2차 대전 무렵 영국의 식민지 해체를 조장하였다.

현재 미국의 외교 전략은 적국은 물론이고 동맹국이라도 미국의 패권에 위협이 된다면 더 이상 성장하지 못하도록 압박을 가하는 것이다. 널리 알려진 것처럼 미국은 1980년대에 고도 성장과 번영을 누리던 일본 경제에 타격을 가하기 위해 1986년 일본 정부에게 엔화의 가치를 강제로 올리도록 플라자 합의를 강요했고, 이로 인해 일본은 30년이 넘도록 저성장에 시달리며 경제의 활력이 죽어가는 이른바 '잃어버린 30년'을 맞이해 도저히 미국에 위협이 될 수 없는 처지로 전락하였다.

결국 미국이 유고 내전에 참가하면서 구 유고연방은 예전보다 더 많은 작은 나라들로 갈가리 찢겨졌다. 미국이 상투적 문구로 내세웠던 평화와 민주주의와 번영은 어디에도 주어지지 않았다. 결과적으로 구 유고연방을 비롯한 발칸반도는 이전보다 더 가난한 나라들로 채워지게 되었다.

45 / 아프간을 침공한 진짜 이유

빈 라덴 체포와 민주주의 증진은 핑계였다

2001년 9월 11일 미국 뉴욕의 세계 무역 센터에 두 대의 비행기가 충돌하는 이른바 9-11테러가 발생하여 약 3000명의 미국 시민들이 사망했다. 이 9-11테러 직후, 미국은 테러의 주범인 오사마 빈 라덴이 숨어 있다고 추정되는 장소인 아프가니스탄을 곧바로 공격하였다. 미국은 빈 라덴의 체포와 아프간을 지배하는 이슬람 극단주의 세력 탈레반이 저지르는 인권 탄압을 전쟁의 명분으로 내세웠다. 하지만 미국이 아프간을 공격한 진짜 이유는 그것이 아니었다.

중앙아시아 파이프 통로 때문에 틀어진 관계

빈 라덴을 비롯하여 9-11테러를 일으킨 주범들은 사실 사우디아

2001년에 촬영된 탈레반 병사의 사진. 낡고 허름한 장비로 무장한 탈레반이었으나 이들은 세계 최강이라던 미군과 20년에 걸친 투쟁을 벌였고 결국 미군을 물러가게 하는 데 성공했다.

라비아인이었다. 헌데 미국 정부는 사우디 정부한테는 9-11테러와 관련하여 책임을 묻거나 배상을 요구하지 않았다. 오히려 9-11테러 희생자의 유가족들이 사우디 정부를 상대로 제기한 피해 배상금 소송을 미국 의회가 나서서 막기까지 했다.

반대로 9-11테러와는 아무런 관련이 없던 아프간과 탈레반을 상대로 미국은 2001년부터 2021년까지 무려 20년 동안이나 막대한 군비를 들여 전쟁을 벌였다. 도대체 왜 이런 이해가 가지 않는 행동을 벌인 것일까?

미국 정부는 공식적으로 "아프간의 탈레반 정권은 아프간 국민들의 인권을 탄압하고 있으며, 9-11테러의 주범인 빈 라덴을 숨겨주고 있으니 공격해야만 했다"라고 해명했지만, 진실은 더 복잡한 것이었다.

탈레반은 빈 라덴을 무작정 숨겨준 것이 아니었다. 9-11테러가 벌어지기 4년 전인 1997년 탈레반 대표들은 텍사스를 방문하여 미국 정부 고위 인사들과 회담을 가졌다. 이 자리에 참석한 인사들

중 훗날 부시 행정부에서 부통령이 되는 딕 체니는 당시 대기업 헬리버턴사의 대표였다. 미국 고위 인사들은 탈레반 대표들을 상대로 이런 제안을 했다.

"우리는 지금 거대한 에너지 공급망을 구상 중이다. 그것은 중앙아시아의 투르크메니스탄에서 당신들이 있는 아프간을 지나 파키스탄과 인도를 거쳐 인도양으로 나와서 석유와 가스를 공급하는 거대한 송유관로를 건설하는 것이다. 당신들이 우리의 이 구상을 받아들인다면 황금 카펫 위에 앉게 될 것이지만, 거부한다면 미 공군이 하늘에서 떨어뜨리는 폭탄 카펫 속에 파묻힐 것이다"

탈레반 대표들은 "당신들이 우리한테 절실한 에너지 부족 문제를 해결해준다면, 그 제안을 기꺼이 받아들이겠다"라고 말했다. 하지만 미국 정부의 고위 인사들은 탈레반의 요구를 거부했고, 협상은 결렬되었다.

9-11테러 직후에 미국 정부는 탈레반에 "당신들한테 달아난 빈 라덴을 당장 우리한테 넘겨라. 그렇지 않으면 우리 군대가 곧바로 아프간을 공격할 것이다"라고 엄포를 놓았다. 일부에서는 "탈레반은 이슬람교의 관습대로 명예를 존중하고 자신들한테 피신한 손님을 결코 내보내지 않을 것이다"라고 분석했지만 사실과 달랐다. 탈레반 측에서는 미국 정부한테 "당신들이 적절한 보상을 제공한다면 빈 라덴을 얼마든지 넘겨주겠다"라고 밝혔지만, 미국 정부는 어떠한 보상도 언급하지 않고 그저 무조건 빈 라덴을 넘기라고만 할 뿐이었다.

에너지 부족 문제도 해결해주지 않았고, 이번에는 어떠한 보상도 없이 무조건 빈 라덴을 넘기라는 강압적인 태도를 보고 탈레반이 분노하여 빈 라덴의 양도를 거부하자, 미국은 2001년 10월 7일 미군을 투입하여 아프간을 공격하였다. 이것이 약 20년 동안 계속될 미국-아프간 전쟁의 시작이었다.

20년 전쟁의 늪에 빠진 미국

미국-아프간 전쟁의 초반에는 최첨단 무기로 무장한 미군이 볼품없는 탈레반을 금방 몰아내고 아프간을 점령할 것처럼 보였다. 2002년 초반, 탈레반은 아프간의 깊은 산속으로 숨어들었고 미국은 친미 정권을 세웠다. 미국의 석유 기업인 우노칼사의 고문 하미드 카르자이가 대통령이 됐다. 겉으로 미국은 빈 라덴을 체포한다는 구실을 내세워 아프간을 공격했으나, 사실은 그 와중에도 철저하게 석유 패권을 위해 아프간을 다루고 있었던 것이다.

하지만 2003년 미국이 전 세계 여론의 반대를 무시하고 이라크를 공격하자, 탈레반이 다시 살아나기 시작했다. 이라크를 공격하기 위해 아프간에 파견된 미군 상당수가 이라크로 이동하자, 상대적으로 미군의 아프간 통제가 약해졌고 이 틈을 노려 탈레반이 다시 세력을 회복하는데 성공했던 것이다.

여기에는 미군이 아프간 현지 사정을 거의 몰랐던 데다, 아프간 주민들의 대다수가 엄격한 이슬람 원리주의를 믿는 보수 성향이라

미군을 이교도이자 외국인 침략자로 여겼던 것 그리고 무엇보다 미국이 내세운 지도자인 카르자이가 사실상 미국의 허수아비에 불과했다는 사실이 영향을 끼쳤다.

조지 부시 미국 대통령과 하미르 카르자이 아프간 대통령.

아프간의 험준한 산악 지형을 이용한 탈레반의 게릴라전에 미군이 고전을 면치 못하면서 갈수록 사상자가 증가했다. 그러는 와중에도 미군은 빈 라덴을 잡거나 죽이기 전까지는 결코 아프간에서 철수하지 않겠다고 버텼다. 그들이 그토록 찾았던 빈 라덴은 2011년 5월 2일 아프간이 아니라 파키스탄에서 발각되어 미군에게 사살당했다. 애초에 빈 라덴은 아프간에 없었던 것이니, 미국이 내세운 명분은 완전히 허구가 됐다.

황당한 점은 빈 라덴이 죽고 나서도 10년 동안이나 미군이 계속 아프간에 주둔하면서 탈레반과 싸우느라 피를 흘렸다는 사실이다. 애초에 그들이 명분으로 내건 빈 라덴 제거가 이미 이루어졌는데, 왜 그랬던 것일까?

미국 정부는 탈레반이 아프간 주민들의 인권을 침해하는 사악한 집단이니 도의적으로 용납할 수 없다고 했으나, 사실 이는 중동의 정세를 조금만 안다면 매우 설득력이 부족하다. 당장 미국의 가장 오래된 우방인 사우디가 전 세계에 700억 달러를 들여 이슬람 테러리즘을 수출하고 자국 내에서도 엄격한 이슬람 원리주의를 내세워 국민들의 인권을 탄압하는 나라였기 때문이다.

사우디는 엄격한 이슬람 원리주의인 와하비즘을 신봉하던 사우드 가문이 세운 나라다. 또한 이슬람 율법학자들과 국민들이 사우디 왕가의 부패와 사치에 매우 분노하고 있어서, 사우디 왕가에서는 이슬람 율법학자들이 국민들을 선동하여 반란을 일으킬까봐 두려워 그들을 달래기 위해 해외에 700억 달러라는 막대한 돈을 들여 이슬람 테러리즘을 수출하고 있다.

패배한 미국

미군이 아프간에 장기 주둔했던 진짜 이유는 중앙아시아에서 인도양으로 가는 석유 수송로를 장악하기 위해서였다. 중앙아시아는 중동에 맞먹을 만큼 막대한 양의 석유가 가득한 지역이기 때문이다. 게다가 중앙아시아는 미국의 적국들인 중국과 러시아 모두와 국경을 맞대고 있어서 아프간을 발판 삼아 세력을 뻗어나가면 두 나라 모두를 견제할 수 있었다.

그러나 미군이 아무리 아프간에 막대한 돈과 물자를 퍼부어도 아프간의 민심은 미국을 지지하지 않았다. 이는 미국이 내세운 아프간 정부가 지나치게 부패하고 타락하여 국민들의 기본적인 생계조차 지켜주지 못했던 무능한 집단이었기 때문이다. 심지어 미군이 훈련시킨 아프간 병사들은 숫자도 제대로 세지 못하고 군사 훈련의 기본조차 모를 만큼 모든 면에서 최악의 자질을 보이는 엉터리였다.

결국 2021년 7월에 아프간 정부는 예상보다 훨씬 빨리 탈레반의 공격에 수도 카불을 빼앗기며 사실상 무너졌다. 더는 희망이 없다고 판단한 미군이 2021년 8월 30일 아프간에서 철수하면서 약 20년 동안 계속된 미국-아프간 전쟁은 미국의 패배로 끝났다.

46 / 걸프전쟁과 이라크전쟁

미국의 석유 패권 유지를 위한 학살

1991년의 걸프전쟁에서부터 2003년의 이라크전쟁에 이르기까지 중동의 이라크는 미국과 전쟁을 했다. 물론 이라크가 미국을 공격한 것은 아니다. 세계 최강대국인 미국은 무엇 때문에 머나먼 이라크에서 전쟁을 했던 것일까? 그것은 중동 지역에 매장된 풍부한 지하자원, 석유 때문이었다.

걸프전쟁

1990년 8월 2일, 이라크는 쿠웨이트를 침공하여 전쟁을 일으켰으며 불과 3일 만에 쿠웨이트 전역을 점령하였다. 이라크의 대통령인 사담 후세인은 전쟁의 목적을 "쿠웨이트가 이라크의 귀중한 자원인 석유를 몰래 훔쳐가고 있기 때문에 응징한 것"이라고 밝혔다.

하지만 이는 핑계에 불과했다. 이라크가 1980년부터 1987년까지 이란과 벌인 전쟁으로 인해 5000억 달러의 빚을 지게 되자, 빚을 갚기 위해 풍부한 양의 쿠웨이트 유전을 탐내 공격한 것이라고 보는 편이 유력한 견해다.

이라크의 쿠웨이트 점령을 미국은 불법 침략 행위로 간주하여 이라크가 쿠웨이트에서 철수하지 않으면 전쟁을 감행하겠다고 압박을 가했다. 이러한 요구를 이라크 정부가 거부하자, 미국은 결국 이라크를 상대로 전쟁을 일으키겠다고 선언하였다. 미국은 영국, 프랑스, 사우디, 카타르 등 동맹국들과 함께 다국적군을 편성하여 1991년 1월 16일부터 "사막의 폭풍"이라는 군사 작전으로 쿠웨이트에 주둔한 이라크 군대를 공격하였다.

걸프전쟁은 불과 1달 만에 미국의 압도적인 우세와 이라크의 일방적인 패배로 이어졌다. 미국이 요구한 대로 이라크가 점령지인 쿠웨이트에서 철수하는 것으로 끝났다. 미군은 전쟁이 시작되자 가장 먼저 이라크의 레이더 시설과 지대공 미사일 등 방공망을 철저히 파괴해버렸다. 이러한 선제 공격으로 인해 이라크군은 통신과 방어 체계가 마비되어 미군한테 일방적으로 공격만 당하면서 반격은 불가능한 불리한 조건에 시달렸다. 이라크의 군사 기지와 군수 공장, 이라크 군대는 '폭탄의 불바다'에 그대로 휩쓸렸고, 100만 대군이라던 이라크 정규군은 모조리 궤멸당하고 말았다.

미군은 전쟁의 목표를 '쿠웨이트에서 이라크군을 몰아내고, 이라크 정부의 항복을 받아내는 것'으로 한정했고, 그 목표가 달성되자 곧바로 전쟁을 끝냈다. 즉, 미군은 걸프전쟁에서 싸우는 목표와 한계치를 처음부터 정확하게 정해두었기 때문에 베트남전쟁 때처럼 명분과 목적을 상실하며 끝없는 전쟁의 수렁 속으로 빠져 들어가는 것을 막을 수 있었다.

걸프전쟁에서 미군한테는 쿠웨이트에 다시 주권과 자유를 되찾아준다는 명분이 있었기에 반미 감정이 강한 중동의 이슬람 국가들로부터도 지지를 얻을 수 있었다. 반면 이라크는 쿠웨이트를 일방적으로 선제 공격하여 침략했기 때문에 명분이 없었고, 그 때문에 다른 중동의 이슬람 국가들로부터 지지를 얻지 못했다. 결국 1991년 3월 3일, 이라크군이 다국적군에게 항복하면서 걸프전쟁은 막을 내렸다.

비록 걸프전쟁은 2개월 만에 끝났으나, 그 후에도 미국은 이라크에 대한 경제 제재를 계속 이어나가고 이라크 곳곳에 폭격을 감행하는 식으로 이라크를 압박하였다. 이러한 미국의 경제적, 군사적 제재로 인해 60만 명의 이라크인들이 식량과 의약품 부족으로 죽어나갔고 이라크군은 더욱 더 빈약해졌다.

전쟁광 부시의 이라크전쟁

그러던 와중인 2003년 미국의 대통령인 부시는 뜬금없이 이라크의 독재자 후세인이 대량살상무기를 숨겨놓았으며, 세계 평화를 위해 그것들을 반드시 파악해서 없애야 한다고 주장했다. 유엔의

미국의 이라크전쟁을 반대하는 워싱턴 D.C.의 시위대 모습. 당시 한미동맹을 이유로 노무현 정부가
자이툰부대 등을 파병하면서 한국에서도 파병 반대 시위가 거세게 이어졌다.

무기 사찰단이 이라크를 방문하여 군수 창고와 무기고를 샅샅이
뒤진 끝에 이라크에서 대량살상무기를 전혀 찾을 수 없다고 발표
했고, 전 세계 여론도 명분이 없다며 이라크전쟁을 반대했으나, 부
시 행정부는 그런 반발을 무시하고 끝내 2003년 이라크전쟁을 강
행했다.

　전황 자체만 보면 순식간에 미군이 승리했다. 이미 이라크는 걸
프전 이후 10년 넘게 미국의 경제 봉쇄를 당해 완전히 피폐해진 상
태라서 미군의 공격에 도저히 저항할 능력이 없었다. 전쟁이 벌어
진 지 한 달도 안 되어 이라크는 수도 바그다드를 점령당하고, 후
세인은 달아나 숨었다가 약 8개월 후에 미군에게 체포되어 사형을
당했다. 그렇게 이라크는 미군의 군홧발에 무릎을 꿇는가 싶었다.

하지만 정규전에서 밀린 이라크군과 반미 감정을 가진 아랍인들은 게릴라전과 폭탄 테러로 미군에 맞서 싸웠다. 이라크 어디를 가든지 반미 게릴라들은 널려 있었고, 그들은 비정규전을 벌이며 미군에 출혈을 강요했다. 미군들은 이라크 전역에 깔린 폭탄과 저격수의 총탄에 두려움을 느끼며 잠시도 편안하지 못했다. 여기저기서 미군들을 겨냥한 테러가 잇달아 일어났고, 그러는 사이 미군의 전사자와 부상자는 5000명을 넘어섰다.

석유 패권을 위한 미국의 전쟁

이라크전은 미국에 아무런 이익도 주지 못했다. 그런데 도대체 무엇 때문에 미군은 이라크에서 전쟁을 치렀던 것일까? 이 부분에 대해 말들이 많은데, 여기서는 석유와 관련된 두 가지 이유로 압축해 보기로 한다.

가장 유력한 주장은 후세인이 석유의 결제 대금을 달러가 아니라 유로화로 바꾸려 했기에, 미국이 군대를 보내서 후세인을 제거했다는 주장이다. 실제로 미국이 막대한 부채에도 불구하고 아직까지 국제 유가의 지배권을 장악하고 있는 이유는 바로 중동 각국들이 석유의 결제 대금을 미국의 화폐인 달러로 받고 있기 때문인데, 후세인이 미국의 달러 지배 체제를 거부하려 했기에 미국이 응징했다는 음모론이다.

다른 하나는 2003년 당시 미국의 가장 큰 잠재 적국인 중국이

대부분의 석유를 이라크에서 수입하고 있었으며 이라크에 막대한
자본을 투자한 상태였는데, 미국이 중국에 타격을 주고자 일부러
이라크를 공격하여 중국이 석유를 공급받지 못하게 하려 했다는
주장이다.

　이 두 가지 주장 모두 석유와 관련되어 있다. 하기야 이라크나
그 주변 지역에서 석유가 한 방울도 나지 않았다면, 과연 미국이
1991년의 걸프전과 2003년의 이라크전을 구태여 치를 필요가 있
었을까? 결국 이라크와 그 주변의 석유가 중동 지역을 끊임없이
전쟁의 소용돌이 속으로 몰고 간 셈이다. 자원의 저주에 해당된다
고 말할 수도 있겠다.

2011년 미국과 서유럽 국가들은 갑자기 리비아의 카다피 정권을
공격해 무너뜨렸다. 그러나 그들이 약속했던 평화와 민주주의는
오지 않았고, 리비아는 오늘날까지 나라가 셋으로 분열되어 끝없
는 내전의 늪에서 빠져나오지 못하고 있다. 도대체 미국과 서유럽
국가들은 무엇을 노리고 리비아를 공격했던 것일까?

내전에 즉각 개입한 미국과 서방

북아프리카에 위치한 리비아는 1969년 9월 1일 육군 대령 무아마
르 알 카다피가 쿠데타를 일으켜 국왕 이드리스 1세를 몰아낸 이
후로 줄곧 지배해왔던 독재 국가였다.

카파디는 미군의 공격에 맞서기 위해 1980년대부터 핵무기 개

발을 추진했으나 미국으로부터 심한 경제 제재를 받았고 리비아의 경제는 큰 피해를 입었다. 결국 카다피는 2003년에 핵무기 개발 포기를 선언했다. 미국과 유럽 등 서방 국가들은 그의 핵포기 선언을 환영하였고, 리비아는 한동안 서방 국가들과 우호적인 관계를 맺으며 평화를 누릴 것처럼 보였다.

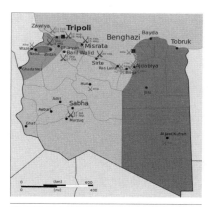

카다피가 죽고 나서 셋으로 분열되어 내전을 벌이고 있는 리비아의 지도. 서방 국가들이 리비아 국민들한테 약속했던 민주주의와 번영은 끝내 오지 않았다.

그런데 2011년 무렵부터 튀니지를 시작으로 북아프리카와 중동의 이슬람 국가들에서 이른바 '아랍의 봄'이라 불리는 반정부 시위가 잇달아 벌어지면서, 그 여파가 같은 해인 2011년 2월 17일 리비아 동부의 벵가지에서도 나타나기 시작했다. 카파디의 오랜 독재에 불만을 품은 시위대가 카다피의 하야를 외치자, 카다피가 보낸 경찰들이 시위대에 총을 쏘면서 분노한 시위대가 본격적인 반정부 시위에 나섰다.

이러한 리비아의 반카다피 시위에 대해 미국과 영국과 프랑스 등 서방 국가들이 공식적으로 지지하더니 공군 등을 보내 카다피 정권을 공격하기 시작했다. 서방 국가들은 심지어 시위대한테 미사일과 포탄 같은 무기들을 보급하면서, 카다피에 맞서 싸우라고 노골적으로 부추겼다. 그리하여 카다피의 정부군과 반정부군이 서로 싸우는 1차 리비아 내전이 발발하였다.

시간이 흐를수록 1차 리비아 내전의 양상은 정부군한테 불리하게 돌아갔다. 우선 세계 여론을 주도하는 미국과 유럽 등 서방 언론들은 리비아 정부군을 비난하고 반정부군을 옹호하여, 세계 각국의 시민들로 하여금 반정부군을 지지하게 유도하였다. 또한 서방 국가들이 동원한 공군과 각종 도청 장비들은 카다피를 따르는 정부군의 통신을 정확히 알아내어 그들의 머리 위에 폭탄을 떨어뜨렸다.

결국 서방 국가들이 동원한 드론 등 공중 폭격에 밀린 카다피는 계속 서쪽으로 달아나다가 2011년 반정부군한테 발각되어 총에 맞아 죽는 비참한 최후를 맞았다. 42년 동안 리비아를 지배해왔던 카다피 독재 정권은 내부의 반란과 외세의 지원이라는 내우외환으로 인해 무너졌다.

카다피 정권이 무너지자 서방과 한국의 언론들은 리비아에 드디어 "자유와 민주주의의 시대가 온다! 카다피가 숨긴 막대한 자금은 이제 리비아 재건을 위해 쓰일 것이다"라는 식으로 장밋빛 보도를 쏟아냈다.

카다피 집권 시절보다 퇴보한 리비아

그러나 서방과 한국 언론들이 외면한 중요한 사실이 몇 가지 있었다. 하나는 카다피가 비록 독재자였으나, 리비아의 각 부족 간의 갈등을 그가 억누르고 조정해왔다는 점이다. 카다피가 죽임을 당

하니, 리비아 부족들 간의 갈등을 억
누르거나 조정할 사람이 없어져 버렸
던 것이다.

그래서 카다피의 죽음이 알려지자
리비아에 살고 있던 약 500개의 부족
들은 화합하며 국가 재건을 위해 협
조하는 대신, 서로 자기들끼리 리비
아의 새로운 주인이 되겠다며 총을
쏘며 내전을 벌였다. 카다피에 협조
했던 부족들은 카다피를 적대했던 부
족들로부터 잔인한 공격을 받았다.

1970년 '혁명' 직후의 카다피.

또한 서방 국가들과 언론들이 요란하게 떠들었던 자유와 민주
주의는 카다피 정권이 무너진지 10년이 더 지난 지금에 와서도 전
혀 실현되지 않았다. 오히려 리비아는 카다피 정권 붕괴 이후에 나
라가 3개로 분열되어 치열한 내전이 벌어지고 있으며, 사람을 붙
잡아 노예로 사고파는 노예 시장이 들어서는 등 사회 구조가 전반
적으로 퇴보하고 있다.

카다피의 치세에 리비아는 아프리카에서 가장 부유한 나라였고
국민들이 무료로 병원에서 수술을 받고 약을 받아갔으며, 인구의
94.2퍼센트가 글자를 읽고 쓸 줄 알만큼 문해율이 높았고, 평균 수
명이 72세에 달했다. 또한 카다피가 죽임을 당하기 1년 전인 2010
년 리비아의 1인당 GDP는 약 1만 1000달러였다.

그런데 카다피가 죽고 나서 리비아의 각 부족들이 서로 난립하며 싸우는 두 번째 내전이 벌어지자 이러한 복지 혜택들은 모두 사라져 버렸다. 카다피의 죽음으로부터 9년 후인 2020년에 조사한 통계에 의하면 리비아의 1인당 GDP는 3200달러에 그쳤다. 카다피 집권 시기와 비교하면 약 4분의 1 수준으로 폭락했던 것이다.

서방 국가들은 도대체 무엇 때문에 막대한 군사비를 지출하면서 카다피 정권을 무너뜨렸던 것일까?

결국 석유였다

리비아는 아프리카에서 석유 매장량 1위 국가이며, 전 세계를 통틀어도 석유 매장량 8위의 산유국이다. 하지만 리비아는 1911년 이탈리아의 식민지가 되었고, 1945년부터는 영국과 프랑스의 지배를 받다가 1951년에 독립하였으나 그 이후로도 리비아의 석유를 미국과 유럽 기업들이 헐값에 가져가 마음껏 사용했기 때문에, 거기에서 나오는 이득은 리비아 국민들한테 전혀 돌아가지 않았다.

그러다가 1969년 카다피가 쿠데타를 일으키고 리비아의 석유를 모두 국유화하면서 미국과 유럽 등 서방 국가들은 리비아의 석유자원에 꽂아놓았던 빨대를 모조리 빼앗기고 말았다. 그로 인해 서방 국가들은 예전보다 훨씬 비싼 값을 주고 리비아의 석유를 사야 했으니, 그들이 카다피를 미워했던 진짜 이유는 바로 그가 자신들이 헐값에 누리던 석유를 빼앗아서였던 것이다.

242

2011년 서방 국가들이 리비아의 반정부 시위대를 지원하여 카다피 정권을 무너뜨리고 가장 먼저 한 일이 바로 서방 국가들의 석유 기업들이 리비아로 들어가서 석유 자원을 차지하는 것이었다. 실제로 2억 유로를 들여서 리비아 반정부군을 적극적으로 지원한 프랑스는 리비아에서 생산되는 석유 자원의 무려 30퍼센트 이상을 차지하기로 합의를 보았던 것으로 알려졌다. 영국과 이탈리아의 석유 회사와 가스 회사들도 일제히 리비아로 몰려가 리비아의 석유와 천연가스를 차지했다.

아울러 미국 역시 카다피가 석유 결제 대금을 달러로 받지 않겠다는 계획을 세운 것에 위기감을 느끼고 그를 제거하는데 동참했다. 만약 카다피가 석유 결제 대금을 달러가 아니라 금으로 받게 되면, 그만큼 미국 달러화가 국제 석유 시장에서 차지하는 영향력이 줄어들기 때문이다.

2011년 미국과 영국과 프랑스가 벌인 카다피 제거 작전은 결코 리비아 국민들의 자유나 민주주의를 위해서가 아니라, 리비아가 가진 풍부한 석유 자원을 차지하기 위한 자원 약탈 전쟁의 일환이었을 뿐이다.

48 / 베네수엘라 경제 위기

복지가 아니라 석유가 문제였다

베네수엘라는 남미 대륙을 통틀어 석유가 가장 풍부한 산유국이다. 풍부한 석유를 팔아서 얻은 수익으로 2000년대 우고 차베스 대통령 집권 시기 베네수엘라는 빈민층에 대한 경제적 지원과 복지제도를 강화했고 한때는 신자유주의적 자본주의에 반감을 가진 세계인들로부터 새로운 대안 국가로 떠오르기도 했다.

그러나 2013년 이후부터 베네수엘라는 극심한 경제 위기에 시달리는 가난한 나라로 다시 전락했다. 베네수엘라의 화폐 가치가 지나치게 떨어져서 사람들이 화폐를 벽지로 바를 정도이며, 식량 부족 사태까지 벌어져서 정육점에서 병에 걸려 폐기된 동물의 시체를 팔기도 했다고 한다. 막대한 석유를 가졌으면서도 왜 베네수엘라는 빈곤에 시달리는 것일까?

복지가 경제 파탄을 불렀다고?

베네수엘라의 경제 파탄에 대해 국내의 보수 언론과 학계는 한결 같이 다음과 같은 어조로 말하고 있다. "남미에서 석유를 가장 많이 가졌던 베네수엘라가 왜 저렇게 경제가 망해버렸을까? 이유는 간단하다. 반미 좌파 정치인인 차베스가 집권하면서 가난한 빈민들한테 나라의 돈을 몽땅 퍼주는 식으로 포퓰리즘 정책을 폈기 때문이다. 그러니까 나라가 망하지 않으려면 복지를 하면 안 된다. 복지를 하면 저렇게 나라 재정이 파탄나서 베네수엘라처럼 온 국민이 거지 신세로 전락하기 때문이다"

하지만 이러한 시각이 과연 적합한 것인지 의문이 든다. 베네수엘라가 왜 풍부한 원유 매장량에도 불구하고 경제 파탄에 이르렀는지를 알려면 우선 베네수엘라가 놓인 국내, 국제적 상황부터 파악해야 한다.

베네수엘라는 다른 남미 국가들처럼 빈부격차가 매우 컸다. 친미 성향을 띈 극소수의 상류층들이 국가 토지의 대부분을 차지한 반면, 대부분의 인구를 차지하는 국민들은 가난에 허덕였는데 1980년대의 인구 조사에서는 베네수엘라 전체 인구의 약 절반이 생계가 곤란한 빈민층임이 드러나기도 했다.

물론 그 기간에도 베네수엘라는 석유 수출을 꾸준히 했으나, 1980년대는 전 세계적으로 유가가 낮은 시절이었고 그로 인해 베네수엘라의 정부 수익도 크게 줄어들었다. 사실 베네수엘라는 국가 경제의 90퍼센트를 석유 수출에 의존하고 있다 보니, 국제 유가가 높아야 그나마 경제가 잘 돌아가고 만약 유가가 낮아지면 큰 타격이 오는 구조였다.

이를 두고 "왜 베네수엘라는 석유 판매에 지나치게 의존하는 경제 구조를 지니게 되었는가? 그러기에 일찍부터 석유 의존 체제에서 벗어나 중공업 육성 같은 산업 전환을 했어야 하는데, 그런 작업에 실패했던 베네수엘라 대통령 차베스가 무능하고 게을렀다"라고 말하는 의견도 있으나, 국가 경제의 성격을 바꾼다는 것은 말처럼 쉬운 일이 아니다. 베네수엘라보다 더 강대국이고, 1991년까지 미국과 더불어 세계를 지배하던 초강대국이던 소련의 후계국가인 러시아조차 대통령 푸틴이 그렇게 중공업 육성 노력을 기울였지만 아직도 국가 경제의 50퍼센트 가량을 석유 판매에 의존하고 있는 판국인데, 하물며 베네수엘라야 오죽할까?

많은 사람들이 잘 모르는 사실이지만, 차베스 집권 시기였던 1999년부터 2013년까지의 베네수엘라는 지금의 인식과는 정반대로 경제 상황이 좋았다. 그 무렵 베네수엘라는 국내총생산 지수가 이전보다 3배나 증가했으며, 전체 인구에서 빈민이 차지하는 비율이 7퍼센트까지 낮아졌다. 차베스가 집권하기 전까지 무려 전체 인구의 절반이 빈민이던 것을 감안한다면, 차베스 시절의 베네수엘라는 국민들이 살기에 훨씬 좋은 나라였다. 물론 이는 2003년 이라크전쟁을 기점으로 국제 유가가 크게 올랐던 탓에 베네수엘라 정부의 수익이 늘어났던 이유도 있었다.

베네수엘라 차베스 전 대통령과 마두로 현 대통령을 그린 벽화. "차베스에게 맹세할게. 나는 마두로에게 투표할 거야"라고 쓰여 있다.

차베스는 다른 남미 국가들처럼 소수 상류층들이 독점하고 있던 토지를 빈민들한테 나눠주는 토지 개혁도 함께 추진했다. 이를 두고 사회주의 정책이라고 비난하는 목소리도 있으나, 정작 한국의 보수 지식인들이 1950년 3월 이승만 정부의 농지 개혁을 두고 공산주의를 막아냈다고 칭찬하는 것을 보면 차베스의 토지 개혁을 비난만 할 수는 없다.

그렇다면 이런 베네수엘라가 왜 지금은 경제 파탄에 이르렀는가? 국내의 보수 언론들이 말하는 것처럼 복지를 하며 빈민들한테 돈을 퍼주다가 망한 것이 아니다. 그것은 국제 유가의 하락 때문이었다.

국제 유가 하락과 베네수엘라의 위기

2010년 이후부터 미국은 자국 내에 매장되어 있던 막대한 양의 셰일 오일을 본격적으로 개발하기 시작했다. 그리하여 국제 유가는 2014년 100달러에서 2016년에는 20달러로 큰 폭으로 내려가기 시작했고, 덩달아 베네수엘라 정부의 수입 역시 줄어들면서 자연히 경제는 침체될 수밖에 없었다.

여기에 공공연히 베네수엘라를 비롯한 남미 국가들에 내정 간섭을 하며 친미 세력이 정권을 잡도록 쿠데타를 지원해 왔던 미국은 베네수엘라에 타격을 가하기 위해 그동안 베네수엘라에서 수입해 왔던 석유의 양을 80퍼센트나 줄여버렸다.

셰일 오일 개발과 국제 유가의 하락에 미국의 석유 수입 감소라는 삼중고를 맞아 석유 판매에 의존하던 베네수엘라 경제는 견딜 도리가 없었다. 이렇듯 베네수엘라 경제의 파탄은 국제 석유 가격의 하락이라는 큰 틀에서 보아야 한다.

그리고 하나 덧붙이면 언론은 빈민들한테 돈을 퍼주면 안 된다고 말할 때가 아니라, 수년 동안 코로나 사태로 몸살을 앓고 있는 한국 사회에서 왜 정부가 돈을 쌓아놓고 국민들한테 풀지 않느냐는 말부터 먼저 해야 할 때가 아닐까?

49 / 우크라이나 전쟁과 석유

석유를 둘러싼 지정학적 대결

2022년 2월, 전 세계는 충격에 휩싸였다. 결코 전쟁은 벌어지지 않을 것이라는 예상을 깨고 끝내 러시아가 우크라이나를 침공했던 것이다. 이 전쟁은 아직까지 누가 이길지 여부가 확실하지 않은 상황에서 러시아와 우크라이나의 군대가 서로 진격과 후퇴를 반복하는 양상으로 계속되고 있다. 그런데 이 전쟁의 배경에도 역시나 석유를 둘러싼 국제 정치가 중요하게 자리하고 있다.

국제 유가를 둘러싼 미국과 반미 진영의 대결

러시아 대통령 푸틴은 우크라이나를 침공한 이유에 대해서 이렇게 밝혔다.

"이는 전적으로 미국이 거느린 군사 기구 나토 때문이다. 1991

년 소련이 해체되었을 때, 당시 미국 대통령이던 부시는 더 이상 나토 가입 국가들을 늘리거나 러시아를 위협하지 않겠다고 약속했지만 미국 정부는 이를 지키지 않았고, 오히려 폴란드와 루마니아 등 동유럽 국가들을 나토 회원국으로 받아들이면서 러시아를 계속 위협했다. 그러다가 이제는 러시아의 수도 모스크바의 턱밑인 우크라이나마저 나토에 끌어들이려 한다. 이는 미국이 러시아에 군사적 압력을 가해 소련처럼 무너뜨리려는 시도라고 밖에 볼 수 없으며, 그래서 우리가 우크라이나를 공격한 것이다."

이것은 단순히 푸틴만의 주장이 아니라 존 미어샤이머 같은 미국의 보수적인 학자들도 동감하는 내용이다. 반면 미국을 옹호하는 사람들은 부시의 약속은 문서 조약이 아니라 그저 말뿐이니 효력이 없고 따라서 푸틴의 주장도 설득력이 없다고 하는데, 그런 식으로 따지면 푸틴이 우크라이나를 결코 공격하지 않겠다고 문서 조약을 맺은 일도 없으니 그를 침략자나 전범이라고 비난하는 일도 삼가는 게 이치에 맞다.

헌데 일각에서는 러시아의 우크라이나 침공을 두고 "바이든의 에너지 정책이 부른 결과다"라는 주장을 제기하기도 한다. 이들의 견해는 대략 이렇다.

"미국 대통령 바이든을 대표로 하는 미국 민주당은 석유를 비롯한 화석 연료가 지구의 기온을 올려서 무더위와 홍수를 불러일으키는 기후 변화를 만든다고 믿는다. 그래서 미국 민주당은 트럼프 정부와 달리 셰일 오일 채굴을 금지시키고 태양열 같은 재생 에

너지 중심 정책을 쓰는데, 그로
인해 세계의 석유 생산량이 줄
어들어 석유 가격이 올랐고, 국
가 재정의 약 절반을 석유 판매
에 의존하는 러시아 경제가 살
아나서 군사력이 강화되고 우
크라이나를 공격할 수 있게 되
었다."

not desire our presence. The American people have always had a strong position favoring this.
However, if the current West German leadership is at the head of a unified Germany then they
have said to us they will be against our withdrawal.

And the last point. NATO is the mechanism for securing the U.S. presence in Europe. If
NATO is liquidated, there will be no such mechanism in Europe. We understand that not only for
the Soviet Union but for other European countries as well it is important to have guarantees that
if the United States keeps its presence in Germany within the framework of NATO, not an inch
of NATO's present military jurisdiction will spread in an eastern direction.

We believe that consultations and discussions within the framework of the "two + four"
mechanism should guarantee that Germany's unification will not lead to NATO's military
organization spreading to the east.

5

미국 국가안보문서국 홈페이지에서 확인할 수 있는 기록으
로, 1990년 2월 9일 모스크바에서 제임스 베이커 미 국무장
관은 미하일 고르바초프 소련 공산당 서기장에게 "단 1인치
도 나토가 동진하는 일은 없을 것"이라고 단언했다.

실제로 바이든 이전에 집권했던 트럼프 미국 대통령은 기후 변
화를 부정했고, 미국 내의 셰일 오일 채굴을 적극 권장했다. 그런
이유로 트럼프 집권 기간 중 세계 석유 판매량은 늘어나서 국제 유
가는 매우 낮았고, 러시아는 경제적인 어려움에 시달리느라 우크
라이나를 공격할 엄두를 내지 못했다.

바이든 정부도 이런 사실을 알기에 우크라이나 전쟁이 일어나
자 대통령인 바이든 자신이 직접 세계 최대의 산유국인 사우디를
자주 방문하여 "석유의 생산량을 늘려달라"고 계속 요구했다. 그
러면 국제 산유량이 늘어나서 석유 가격이 낮아지고 자연히 러시
아 정부의 경제적 상황도 나빠져서 더 이상 우크라이나를 공격하
지 못한다는 이유에서였다.

그런데 사우디 정부는 바이든의 요구를 모두 거부하고, 오히려
석유 생산량을 줄이는 감산을 단행할 만큼 미국에 적대적인 모습
을 보이고 있다. 사우디는 중동에서 60년 넘게 미국의 오랜 동맹국

이었는데, 왜 미국의 요구를 계속 거부하는 것일까?

원인은 바이든 행정부에 있다. 바이든은 사우디 왕가가 2018년 10월 튀르키예의 이스탄불에서 사우디 왕가의 부패를 비판해왔던 사우디 언론인인 자말 카슈끄지의 살해 사건에 관여했다면서 사우디 왕가를 심판하겠다고 맹렬히 비난했는데, 이 발언이 사우디 왕가의 분노를 샀다.

또한 바이든이 추진하는 재생 에너지 위주의 정책 역시 장기적으로 보면 사우디 왕가가 의존하는 석유 위주의 에너지 정책과 충돌한다는 우려가 있었다. 재생 에너지 위주의 정책이 자리 잡으면 자연히 석유의 수요가 줄어들 테니 이 또한 사우디 왕가의 이익을 침해하는 일이다.

그러나 가장 중요한 사실은 이제 미국을 대신할 새로운 초강대국의 후보가 나타났다는 점이다. 그 나라는 바로 중국이다. 최소 13억 인구를 가진 중국은 고도의 경제 성장을 계속 유지하기 위해 막대한 에너지가 필요하기 때문에 세계 최대의 산유국인 사우디로부터 석유를 수입하고 있다. 중국은 이제 구매력 지수PPP에서 미국을 능가하는 세계 최고의 구매력을 가진 나라인데다, 걸핏하면 인권과 민주주의를 내세워 내정간섭을 일삼는 미국과는 달리 외국의 내정에 결코 간섭하지 않기 때문에 행여나 미국의 개입으로 정권이 무너질 것을 우려하는 사우디로서는 미국보다 중국과 손을 잡는 것이 더 낫다는 판단을 내렸을 가능성이 높다. 그런 이유로 사우디는 2022년에 들어서 폭탄 선언을 했는데, 이제부터 석유 판매의 결제 대금을 달러만이 아니라 중국의 위안화로도 받겠다고 한 것이다.

사우디의 저항에 놀란 미국 정부는 사우디 정부한테 "당신들이 계속 이렇게 나오면 우리는 사우디에 주둔시킨 미군을 철수시키겠다!"라고 압박했지만, 사우디 정부는 전혀 주눅 들지 않고 "철수하려면 마음대로 하라"면서 냉담하다. 이는 사우디 왕가가 원래 엄격한 이슬람 원리주의 종파인 와하비즘을 따랐던 집단이어서 비록 대외적으로는 친미 노선을 걸었으나 내부적으로는 반미 정서가 무척 강했던 탓에 이번 기회에 그동안 미국으로부터 받아온 오랜 통제로부터 벗어나겠다는 의지를 강하게 품고 있기 때문이다.

고통을 자초하는 유럽

한편 우크라이나 전쟁으로 가장 큰 피해를 보고 있는 대상은 프랑스, 독일, 이탈리아, 스페인, 네덜란드를 비롯한 유럽 국가들이다. 전쟁 때문에 석유와 가스 가격이 크게 오르고 그에 따라 전기세와 가스세 및 소비자 물가도 덩달아 올라 유럽 국가의 국민들은 지금 높은 물가와 혹독한 추위에 고통을 받고 있다. 여기에 설상가상으로 러시아산 석유와 가스가 유럽에 거의 판매되지 않고 있기 때문에 당분간 유럽의 에너지 파동은 계속될 예정이다.

이를 두고 일부에서는 "러시아가 유럽 국가들한테 우크라이나를 계속 도와주면 석유와 가스를 팔지 않겠다고 협박한다"라고 보기도 하지만, 유럽 국가들의 에너지 파동은 러시아의 잘못이 아니라, 유럽 국가들 스스로가 자초한 일이다. 쉽게 말하자면 유럽 국가들은 자신들이 먼저 러시아산 석유와 가스를 사지 않겠다고 나섰다. 소비자가 안 사겠다는데 팔 수는 없지 않나.

유럽 국가들은 왜 러시아산 석유와 가스를 사지 않겠다고 한 것일까? 국민들이 높은 물가와 추위로 고통을 받을 것을 몰라서 그런 것일까? 그렇지 않다. 유럽 국가의 정부들은 바보가 아니며, 그런 사실들을 잘 안다.

하지만 그들이 러시아산 석유와 가스를 계속 사들이겠다고 나서지 못하는 이유는 바로 그들의 상전인 미국 때문이다. 지금 우크라이나를 지원하며 러시아와의 대리전에 나선 미국으로서는 이번 기회에 무슨 일이 있더라도 반드시 러시아를 굴복시키고 그 여세를 몰아 중국마저 압박해 굴복시켜야 경쟁자를 모두 제압하고 흔들리는 패권을 다시 굳건하며 세우며 세계의 왕 노릇을 할 수 있다.

그러기 위해서는 러시아 정부의 중요한 돈줄인 석유와 가스 같은 자원을 판매 못하도록 막아야 한다. 그렇다면 나토라는 군사적 기구와 유럽연합이라는 경제적 기구로 인해 미국에 종속되어 있는 유럽 국가들을 압박하여 러시아산 석유와 가스를 사지 못하게 막는 일이 중요하다.

결국 유럽 국가들은 미국의 심기를 불편하게 할까봐 자기들이 먼저 나서서 러시아산 석유와 가스를 사지 않겠다고 하는 것이며,

그로 인해 유럽 국민들은 고스란히 고통을 온몸으로 감수해야만 하는 것이다.

하지만 유럽에 미국을 주인으로 섬기자는 비굴한 사람들만 있는 건 아니다. "미국의 요구에 더는 따르지 말고, 값싼 러시아산 석유와 가스를 수입해서 높은 물가와 추위를 막자"는 이른바 반反 대서양 세력이 점차 등장하고 있다. 노골적으로 친러 정책을 펴고 있는 헝가리나 2022년 10월 22일 당선된 이탈리아의 극우파 총리 조르자 멜로니가 그러한 사례에 속한다.

이렇듯 우크라이나 전쟁은 미국과 러시아라는 두 강대국의 대결, 미국의 통제에서 벗어나려는 사우디, 미국에 종속된 상태에서 스스로 고통을 자초하는 유럽이라는 실로 복잡한 국제 정세를 보여주는 사건이며, 세계의 석유 및 에너지 동향이 깊숙이 연루되어 있다. 우리에게도 그 파급력이 시시각각 퍼지고 있음은 물론이다.

50 / 로마 클럽의 빗나간 예측

석유가 30년 후에 바닥이 난다고?

1968년 유럽의 지식인과 과학자들은 이탈리아 로마에 모여 일종의 학술 기구인 로마 클럽을 만들었다. 이 로마 클럽은 1972년 〈성장의 한계〉라는 보고서를 발표했는데, "2002년부터 지구의 석유 시추량은 더 이상 늘어나지 않고 계속 줄어들 것이다"라는 내용이 실려 있었다. 한 마디로 말해서 30년 후면 지구 전체의 석유가 바닥이 나서 더 이상 인류가 석유에 의존하는 삶을 살 수 없게 될 것이라는 무시무시한 경고였다.

〈성장의 한계〉는 틀렸다

로마 클럽이 발표한 〈성장의 한계〉는 전 세계에 엄청난 충격을 안겨다 주었다. 기계에 필요한 에너지원 이외에도 비료나 화학 제품 같은 현대 사회의 물건 대부분에 들어가는 산업의 피라고 할 수 있는 석유를 고작 30년 밖에 못 쓴다니? 〈성장의 한계〉가 공개되고 지구촌 곳곳에는 석유 고갈에 대한 공포가 가득했다.

미국의 지미 카터 대통령도 1970년에 "1980년대 말엽, 지구에 매장된 석유가 모두 소모되어 없어질 가능성도 있다"라는 비관적인 발언을 하였다.

이런 이유로 1980년대에는 "앞으로 지구상의 석유가 모두 고갈되어 없어지고, 인류 문명은 퇴보하게 되어 미래의 세상은 지금보다 상태가 더욱 나빠질 것이다"라는 암울한 메시지를 담은 〈매드맥스〉 같은 대중 예술 작품들이 크게 인기를 얻었다.

그런데 로마 클럽의 발표로부터 50년이 지난 2022년 지금, 과연 로마 클럽의 예측은 맞았는가? 결론부터 말한다면 완전히 틀렸다.

석유 시추량은 늘어나고 있다

우선 2002년에 석유가 고갈된다는 로마 클럽의 예측과는 달리, 지구 곳곳에서는 여전히 석유 시추량이 늘어나고 있다. 2014년 영국 국영 석유회사의 발표에 의하면 지구에 매장된 석유 중에서 확인된 것만 1조 7000억 배럴에 달했다. 이 수치는 미국 에너지 정보청이 1980년에 발표한 전 세계 석유 매장량인 6433억 배럴보다 거의 3배나 늘어난 것이다.

석유가 고갈된다는 로마 클럽의 예측이 왜 이렇게까지 완전히 틀렸을까? 이는 로마 클럽이 한 가지 중요한 요소, 과학기술의 발달을 무시했기 때문이다.

실제로 2000년대에 들어서 석유를 뽑아내는 기술이 더욱 더 발달하고 있어서, 1970년대까지만 해도 전혀 손을 대지 못했던 셰일 오일이나 샌드 오일처럼 지하에 매장된 혈암이나 모래에서 얼마든지 석유를 뽑아낼 수 있다. 그렇기에 세계 곳곳에서는 지금도 예전에는 확인하지 못했던 새로운 석유 매장지들이 계속 발견되고 있다. 대표적인 예로 2013년 호주에서는 무려 2330억 배럴이라는 엄청난 양의 석유가 매장된 유전이 발견되었다.

인류가 석유의 사용량을 줄인 것도 아니다. 중국과 인도 등 1970년대까지만 해도 개발도상국으로 분류되었던 신흥 공업국들이 높은 경제 성장을 하면서 오히려 그때보다 석유 사용량이 더욱 늘어났음에도 불구하고 새로운 석유 매장지가 계속 발견되어 현재 시점에서 최소한 50년은 석유의 공급에 아무런 문제가 없다는 분석이 힘을 얻고 있다.

결국 로마 클럽에서 발표한 〈성장의 한계〉에서 경고했던 2002년 석유 고갈은 1999년 지구의 종말이 온다던 노스트라다무스의 주장만큼이나 빗나간 예언이 되고 말았다.

로마 클럽에서도 여론의 비웃음을 의식했던지 1992년에 〈성장의 한계〉 개정판에서 "석유는 2031년에, 천연가스는 2050년에 고갈될 것"이라고 하면서 자원 고갈의 시점을 다소 늦추었다.

하지만 이 역시 신빙성이 부족하다. 셰일 오일이나 샌드 오일 이

외에도 아직 지구 곳곳에
는 개발되지 않은 해저
유전들이 많다. 한국만
해도 남해의 7광구가 있
고, 일본은 태평양 부근
의 해저에 유전이 있는데
이런 것들만 제대로 개발
이 되어도 거기서 뽑아낼

미국의 셰일 오일 시추 현장. 석유가 2002년 무렵에 바닥이 난다는 로
마 클럽의 전망은 석유 시추 기술의 발달로 인해 세계 곳곳에서 새로
운 유전들이 개발되고 석유 시추량이 늘어나면서 완전히 빗나갔다.

수 있는 석유의 양은 최소한 전 세계가 50년 이상은 쓸 수 있을 만
큼 어마어마할 수 있다.

게다가 지구 온난화로 인해 시베리아와 북극의 영구 동토층이
녹으면서 새로운 석유 매장지와 천연가스 매장지의 개발 붐이 뜨
겁게 일어나고 있다. 사족이지만 우크라이나 전쟁은 사실상의 미
국과 러시아의 대립인데, 그것은 미국이 시간이 갈수록 러시아가
가진 막대한 양의 천연자원들을 탐사하고 개발하는 것이 쉬워지고
그 때문에 러시아의 국력이 더욱 강해지는 것을 경계해서 벌어진
일이다.

미래를 위해 진짜 걱정해야 하는 것

물론 석유라고 해서 그 양이 무한한 것은 아니고 쓰다보면 언젠
가는 바닥이 날 것이다. 하지만 석유가 다 떨어진다고 해서 그 때

문에 영화 〈매드맥스〉처럼 인류 문명이 멸망할까? 그렇지는 않을 것이다. 핵융합 발전이나 태양열 발전 같은 석유 대체 에너지들도 얼마든지 있고, 앞으로 인류의 과학기술이 더욱 발달한다면 이런 에너지들의 사용이 일반화되어 인류가 석유에 의존하는 단계를 벗어나 새로운 문명의 시대로 접어들 수도 있을 것이다. 지구의 미래를 위해서라면 석유 고갈이 아니라 기후 위기와 환경 파괴, 핵전쟁, 전염병 문제 같은 것들을 걱정해야 하지 않을까?

참고 자료

단행본

《고래의 삶과 죽음》, 이브 코아 지음, 최원근 옮김, 시공사, 2020.

《노인과 바다》, 어니스트 헤밍웨이 지음, 류동필 그림, 강정규 옮김, 이지훈 해설, 삼성출판사, 2016.

《라이벌 국가들의 세계사》, 도현신 지음, 시대의창, 2019.

《라틴아메리카》, 우덕룡 외 지음, 송산출판사, 2000.

《르네상스의 어둠》, 도현신 지음, 생각비행, 2016.

《마르코 폴로의 동방견문록》, 마르코 폴로 지음, 김호동 옮김, 사계절, 2000.

《만화 체 게바라 평전》, 시드 제이콥슨 글, 어니 콜론 그림, 이희수 옮김, 토트, 2010.

《미국의 이라크 전쟁》, 노엄 촘스키·하워드 진 외 지음, 이수현 옮김, 북막스, 2002.

《불의 기억》(1~3), 에두아르도 갈레아노 지음, 박병규 옮김, 따님, 2005.

《사담 후세인 평전》, 사이드 K. 아부리쉬 지음, 박수철 옮김, 도서출판자전거, 2003.

《석유 지정학이 파헤친 20세기 세계사의 진실》, 윌리엄 엥달 지음, 서미석 옮김, 도
서출판길, 2007.
《세상에서 가장 재미있는 세계사》(1~4), 래리 고닉 글·그림, 이희재 옮김, 궁리,
2022.
《수탈된 대지》, 에두아르도 갈레아노 지음, 박광순 옮김, 범우사, 2009.
《신의 전쟁》, 도현신 지음, 이다북스, 2021.
《씨앗전쟁》, 도현신 지음, 이다북스, 2022.
《아무도 말하지 않는 미국 현대사》(1, 2), 올리버 스톤·피터 커즈닉 지음, 이광일
옮김, 들녘, 2015.
《악마와의 동침》, 로버트 베어 지음, 곽인찬 옮김, 중심, 2004.
《어메이징 세계사》, 도현신 지음, 서해문집, 2012.
《역사》(상, 하), 헤로도토스 지음, 박광순 옮김, 종합출판범우, 2022.
《유럽의 판타지 백과사전》, 도현신 지음, 생각비행, 2020.
《이라크 전쟁과 사담의 비밀》, 사만 압둘 마지드 지음, 주세열 옮김, 사회와연대,
2004.
《전장을 지배한 무기전, 전세를 뒤바꾼 보급전》, 도현신 지음, 시대의창, 2016.
《전쟁이 발명한 과학기술의 역사》(개정판), 도현신 지음, 시대의창, 2019.
《켈트족》, 크리스티안 엘뤼에르 지음, 박상률 옮김, 시공사, 1998.
《플루타르크 영웅전 전집》(1, 2), 플루타코스 지음, 이성규 옮김, 현대지성, 2016.
《흙의 전쟁》, 도현신 지음, 이다북스, 2021.

인터넷 자료

거란국지 https://zhuanlan.zhihu.com/p/432937139
국역조선왕조실록 http://sillok.history.go.kr/main/main.do
대한성서공회 https://www.bskorea.or.kr/
위키피디아 영문 https://en.wikipedia.org/wiki/Main_Page
한국고전종합 DB https://db.itkc.or.kr/

한국민족문화대백과사전 http://encykorea.aks.ac.kr/

언론 보도

경북매일, "그 많던 정어리는 어디로 갔을까", 2019.6.24.

경향신문, "[여적] 석유매장량의 수수께끼", 2016.1.20.

동아일보, "허문명 기자가 쓰는 '김지하와 그의 시대'(87): 인플레이션", 2013.8.9.

부산일보, "국민 생선 정어리, 다시 돌아왔다", 2013.3.28.

시사저널, "거물 은행가 암살 '보이지 않는 손' 찾아라", 2002.12.16.

연합뉴스, "현재 유가 환경, 1986년 · 1998년과 비슷… 당시 배럴당 10달러로", 2015.12.21.

전자신문, "[이슈분석] 과거 유가 급락 사례 어땠나", 2016.1.27.

프레시안, "서중석의 현대사 이야기(182) – 유신의 몰락, 열세 번째 마당: 김영삼 때문? 박정희 경제 파탄이 항쟁 불렀다", 2016.7.20.

한겨레, "[유레카] 1953년 모사데크, 2020년 솔레이마니", 2020.1.8.

한국경제, "[뉴스 인 포커스] 석유 고갈론의 오류… '기술 발전 몰랐다'", 2017.7.17.

한국경제, "[커버스토리] 비관론 '석유 고갈' vs 낙관론 '대체에너지 등장'", 2013.10.25.

한국경제, "인구 늘어 인류 멸망한다는 '맬서스 함정' 옳은가… 저출산 시대 우리에겐 인구가 '슈퍼히어로'일 수도", 2021.4.5.

KBS, "[글로벌 경제] '슈퍼푸드' 아보카도… 우리 삶을 해친다?", 2018.11.21.

KBS, 〈특파원 보고 세계는 지금〉 177회, "멕시코 마약 카르텔과의 전쟁, 피의 아보카도", 2020.7.4.

XtvN, 〈프리한19〉 202회, "지구의 역습이 시작됐다 19: 4위, 슈퍼 푸드 '아보카도'의 두 얼굴?", 2020.4.6.